ANDRZEJ MOSZCZYŃSKI jest autorem 23 książek, 34 wykładów oraz 3 kursów. Pasjonuje go zdobywanie wiedzy z obszaru psychologii osobowości i psychologii pozytywnej.
Ponad 700 razy wystąpił jako prelegent podczas seminariów, konferencji czy kongresów mających charakter społeczny i charytatywny.

Regularnie się dokształca i korzysta ze szkoleń takich organizacji edukacyjnych jak: Harvard Business Review, Ernst & Young, Gallup Institute, PwC.

Jego zainteresowania obejmują następujące tematy: potencjał człowieka, poczucie własnej wartości, szczęście, kluczowe cechy osobowości, w tym między innymi odwaga, wytrwałość, wnikliwość, entuzjazm, wiara w siebie, realizm. Obszar jego zainteresowań stanowią również umiejętności wspierające bycie zadowolonym człowiekiem, między innymi: uczenie się, wyznaczanie celów, planowanie, asertywność, podejmowanie decyzji, inicjatywa, priorytety. Zajmuje się też czynnikami wpływającymi na dobre relacje między ludźmi (należą do nich np. miłość, motywacja, pozytywna postawa, wewnętrzny spokój, zaufanie, mądrość).

Od ponad 30 lat jest przedsiębiorcą. W latach dziewięćdziesiątych był przez dziesięć lat prezesem spółki działającej w branży reklamowej i obejmującej zasięgiem cały kraj. Od 2005 r. do 2015 r. był prezesem spółki inwestycyjnej, która komercjalizowała biurowce, hotele, osiedla mieszkaniowe, galerie handlowe.

W latach 2009-2018 był akcjonariuszem strategicznym oraz przewodniczącym rady nadzorczej fabryki urządzeń okrętowych Expom SA. W 2014 r. utworzył w USA spółkę wydawniczą. Od 2019 r. skupia się przede wszystkim na jej rozwoju.

Inaczej o dobrym i mądrym życiu to książka o umiejętności stosowania strategii osiągania wartościowych celów. Autor opisuje 22 aspekty, które prowadzą do bycia mądrym. W jakim znaczeniu mądrym?

Mądry człowiek jest skupiony na działaniu ukierunkowanym na podnoszenie jakości życia, zarówno swojego, jak i innych. O tym jest ta książka: o byciu szczęśliwym, o poznaniu siebie, by zajmować się tym, w czym mamy największy potencjał, o rozwinięciu poczucia własnej wartości, które jest podstawowym czynnikiem utrzymywania dobrych relacji z samym sobą i innymi ludźmi, o byciu odważnym, wytrwałym, wnikliwym, entuzjastycznym, posiadającym optymalną wiarę w siebie, a także o byciu realistą.

Mądrość to umiejętność czynienia tego, co szlachetne. Z takiego podejścia rodzą się następujące czyny: nie osądzamy, jesteśmy tolerancyjni, życzliwi, pokorni, skromni, umiejący przebaczać. Mądry człowiek to osoba asertywna, wyznaczająca sobie pozytywne cele, ustalająca priorytety, planująca swoje działania, podejmująca decyzje i przyjmująca za nie odpowiedzialność. Mądrość to też zaufanie do siebie i innych, bycie zmotywowanym i posiadającym jasne wartości nadrzędne (do których najczęściej należą: miłość, szczęście, dobro, prawda, wolność).

Autor książki opisuje proces budowania mentalności bycia mądrym. Wszechobecna indoktrynacja jest przeszkodą na tej drodze. Jeśli jakaś grupa nie uczy tolerancji, przekazuje fałszywy obraz bycia zadowolonym człowiekiem, to czy można mówić o uczeniu się mądrości? Zdaniem autora potrzebujemy mądrości niemal jak powietrza czy czystej wody. W tej książce będziesz wielokrotnie zachęcany do bycia mądrym, co w rezultacie prowadzi też do bycia szczęśliwym i spełnionym.

Szczegóły dostępne na stronie:
www.andrewmoszczynski.com

Andrzej Moszczyński

SUKCESY SAMOUKÓW

KRÓLOWIE WIELKIEGO BIZNESU

CZ. 4

2021

© Andrzej Moszczyński, 2021

Redaktor prowadzący:
Alicja Kaszyńska

Zespół redakcyjny:
Anna Imbiorkiewicz, Karolina Kruk, Ewa Ossowska, Barbara Strojnowska,
Krystyna Stroynowska, Dorota Śrutowska, Robert Ważyński

Projekt okładki:
Mateusz Rossowiecki

Korekta oraz skład i łamanie:
Wydawnictwo Online
www.wydawnictwo-online.pl

Wydanie I

ISBN 978-83-65873-81-1

Wydawca:

ANDREW MOSZCZYNSKI
I N S T I T U T E

Andrew Moszczynski Institute LLC
1521 Concord Pike STE 303
Wilmington, DE 19803, USA
www.andrewmoszczynski.com

Licencja na Polskę:
Andrew Moszczynski Group sp. z o.o.
ul. Grunwaldzka 472, 80-309 Gdańsk
www.andrewmoszczynskigroup.com

Licencję wyłączną na Polskę ma Andrew Moszczynski Group sp. z o.o. Objęta jest nią cała działalność wydawnicza i szkoleniowa Andrew Moszczynski Institute. Bez pisemnego zezwolenia Andrew Moszczynski Group sp. z o.o. zabrania się kopiowania i rozpowszechniania w jakiejkolwiek formie tekstów, elementów graficznych, materiałów szkoleniowych oraz autorskich pomysłów sygnowanych znakiem firmowym Andrew Moszczynski Group.

*Ukochanym córkom
Mai i Oli*

SPIS TREŚCI

Wprowadzenie 9
Henry John Kaiser 13
Ingvar Kamprad 29
Kerkor „Kirk" Kerkorian................. 47
Rajmund Albert (Ray) Kroc 67
Carl Lindner Jr 87
Marcus Loew.......................... 103
Konosuke Matsushita.................... 133
Werner Arthur Arnold Otto.............. 155
Wolfgang Puck 185
John Davison Rockefeller 201

Zakończenie 223

Dodatek 1. Inspirujące cytaty............. 229

Dodatek 2. Książki, które rozwijają
i inspirują............................. 267

O autorze............................. 287

„Nie ma rzeczy niemożliwych,
są tylko trudniejsze do wykonania".

Aleksander Wielki

Wprowadzenie

Niniejsza książka to czwarta część serii zawierającej łącznie 50 biografii przedsiębiorców samouków.

Dzisiejszy system edukacji – publiczny, obowiązkowy, państwowy – charakteryzują dyscyplina, posłuszeństwo i autorytaryzm. Opiera się na oświeceniowym twierdzeniu, że człowiek jest *tabula rasa*, więc można go dowolnie kształtować i najpełniej rozwinął się w dziewiętnastowiecznych Niemczech Bismarcka.

Samoucy to ludzie, którzy zdołali wyłamać się z tego systemu i pójść własną drogą czy odnaleźć swoje miejsce w zupełnie innej branży niż ta, do której byli kształceni.

Dlaczego przedsiębiorcy? Dlatego, że nauczanie przedsiębiorczości w systemie szkolnym prawie nie istnieje. Szkoła przygotowuje nas – celowo – raczej do roli odbiorców i konsumentów niż twórców. Przygotowuje do szukania pracy, a nie rozwijania pasji w taki sposób, żeby stała się jednocześnie źródłem zarobku.

Przedsiębiorcy samoucy to bardzo liczna grupa ludzi – znacznie liczniejsza niż opisana w niniejszej serii. Większość z nich to ludzie od wczesnych lat życia mierzący się z trudnościami. Często pochodzili z biednych rodzin jak John Davison Rockefeller. W przypadku innych, jak Kerkor Kerkorian „Kirk", były to dodatkowo rodziny emigrantów zmuszonych do opuszczenia ojczyzny w poszukiwaniu lepszego losu bądź uciekający przed prześladowaniami. Wszystkie te postacie łączy nastawienie do życia, a przede wszystkim: determinacja w osiąganiu celów, entuzjazm, kreatywność, śmiałe marzenia.

Niektórzy z bohaterów, których opisuję, doskonale jednak rozumieli, że pieniądze to wyłącznie narzędzie. Carl Lindner, założyciel Metro-Goldwyn-Mayer, zawsze stosował się do przykazania „kochaj bliźniego swego jak siebie samego", a do tego cenił rodzinę i bardzo lubił spędzać czas w towarzystwie żony i synów. Wspominany Kerkor Kerkorian „Kirk" napisał tak: „Były czasy, gdy moim celem było sto tysięcy dolarów. Potem pomyślałem, że osiągnę swoje cele, gdy zarobię milion. Teraz wiem, że nie chodzi o pieniądze". Poza rozwijaniem swojego biznesu pasjonował się lataniem i nigdy nie zapomniał o rodakach z Armenii, którym pomagał finansowo.

Warto, czytając niezwykłe historie 50 samouków biznesmenów, znajdować w nich to, co najcenniejsze. Wzmacniać w sobie wiarę w siebie i swoje marzenia. Nauczyć się od nich formułowania celów oraz entuzjazmu i determinacji w ich realizowaniu. Poznać, jak patrzyli na świat i co uznawali za największą wartość. Moim zdaniem, powinniśmy jednak przyglądać się tym historiom także krytycznie, a niektóre potraktować jak ostrzeżenie. Życie bowiem, jeśli jego największą wartością jest pieniądz, nie przyniesie szczęścia i nie będzie prawdziwym sukcesem, bo jak mówi John Paul DeJoria: „Aby odnieść sukces, musisz kochać ludzi, kochać swój produkt i kochać to, co robisz", zaś Amando Ortega Gaona, twórca marki odzieżowej Zara, wyznający tradycyjne wartości: wiarę i rodzinę, konkluduje: „Doszedłem do takich pieniędzy, ponieważ pieniądze nigdy nie były dla mnie celem".

Zapraszam do inspirującej lektury kolejnych 10 biografii przedsiębiorców samouków.

Andrzej Moszczyński

Henry John Kaiser

(1882-1967)

amerykański przedsiębiorca, wizjoner,
twórca legendarnego imperium przemysłowego,
założyciel ponad 100 firm, filantrop

Henry John Kaiser był człowiekiem, który pomógł nadać kształt współczesnemu światu. Budował drogi, mosty i tamy, dostarczał cementu i stali, tworzył miejsca pracy w branży, która stała się główną siłą napędową gospodarki USA. Statki masowo wypuszczane z jego stoczni pomogły wygrać II wojnę światową. A zorganizowanie systemu leczenia dla własnych pracowników przyczyniło się do powstania nowoczesnej opieki zdrowotnej w USA. Magazyn „Forbes" zaliczył go do najbardziej wpływowych biznesmenów wszechczasów. Był ulubieńcem mediów, a reporterzy nadali mu przydomek Człowieka od cudów (The Miracle Man). Nazywano go też Kolosem Zachodu.

Henry John Kaiser jest doskonałym ucieleśnieniem amerykańskiego mitu o awansie z pucybuta na milionera. Przyszedł na świat w biednej rodzinie niemieckich imigrantów. Jego ojciec był szewcem i z trudem udawało mu się zapewniać byt rodzinie. Trzynastoletni chłopiec porzucił szkołę i zaczął pracować, żeby pomóc ojcu. Był chłopcem na posyłki, a potem fotografem. Spędzał całe dnie w studiu fotograficznym jeszcze w wieku 20 lat i nic nie wskazywało na to, że coś się w jego życiu zmieni.

Pozornie. Bo on sam cierpliwie i systematycznie oszczędzał pieniądze. I snuł marzenia. W 1906 roku przeniósł się na zachodnie wybrzeże USA. Podejmował tam różne prace, rozglądał się, podpatrywał, aż w końcu znalazł dla siebie szansę. Jeden z jego klientów zrezygnował z działalności. Była to kanadyjska firma drogowa. Kaiser dzięki niezwykłemu zapałowi, wyobraźni, odwadze i optymizmowi zdobył kredyt na przejęcie jej zlecenia. W 1914 roku założył swoją pierwszą firmę, mając jedynie 32 lata. I udało się! Sukces przyniosła mu pewna innowacja, a mianowicie zastosowanie po raz pierwszy do tego rodzaju prac ciężkich maszyn budowlanych. To „po raz pierwszy" okazało się bardzo symptomatyczne. W późniejszej działalności zawodowej wiele przedsięwzięć podejmował jako jeden z pierwszych.

Od 1914 do 1930 roku firma Kaisera zdobywała wielomilionowe kontrakty rządowe na budowę autostrad, zapór i inne roboty publiczne w Kanadzie, na Kubie i w USA. Wydawało się, że jej właściciel ma talent do znajdowania się w odpowiednim miejscu w odpowiednim czasie, ale w rzeczywistości dostrzegał on jedynie i odważnie wykorzystywał każdą nadarzającą się okazję. Wszystko, co robił, robił szybko i dokładnie. Bił konkurencję na głowę precyzją, jakością, tempem i rozmachem. I wraz z każdym kolejnym przedsięwzięciem zyskiwał wiedzę oraz doświadczenie.

W 1927 roku stało się coś, o czym marzył przez lata. Otrzymał kontrakt na budowę drogi na Kubie wart 20 milionów dolarów, który pomógł mu rozwinąć skrzydła. Już cztery lata później, w 1931 roku, dołączył do kilku innych wielkich wykonawców budowy zapory Hoovera na rzece Kolorado. Zbudował też tamy Bonneville w Oregonie i Grand Coulee w stanie Waszyngton, obie na rzece Kolumbia. To były tak gigantyczne przedsięwzięcia, że wydawały się niemożliwe do zrealizowania. Ale nie dla niego. Aby dostarczyć cement potrzebny do budowy tamy Shasta w 1939 roku wzniósł własną cementownię. W cztery miesiące. Wygrał przetarg, oferując niższą cenę za baryłkę cementu niż proponowali doświadczeni producenci. Oczywiście nigdy przedtem nie wyprodukował nawet garści betonu. Nie było jednak dla niego rzeczy niemożliwych!

Największy sukces i rozgłos przyszedł podczas II wojny światowej. Niemcy w krótkim czasie podbili większość Europy i stało się jasne, że osamotniona Anglia przetrwa tylko wtedy, gdy będzie miała dostęp do surowców i zaopatrzenia. Aby je zapewnić, trzeba było zbudować ogromną flotę statków transportowych. Prostych w konstrukcji, niezbyt szybkich frachtowców według gotowej angielskiej dokumentacji. Słynnych „liberciaków". Właśnie tego zadania podjął się Kaiser.

Mimo że nie wiedział nic o budowie statków, nie tylko zaczął je produkować, ale znacznie skrócił czas ich wytwarzania z ponad 8 miesięcy do 40 dni, a rekordowy transportowiec Robert E. Peary zbudował w ciągu zaledwie 4 dni, 15 godzin i 29 minut, wywołując uznanie całego społeczeństwa. Wszyscy otwierali usta ze zdumienia. To wtedy amerykańskie media nadały Kaiserowi przydomek Człowieka od cudów. Jak mu się to udało? Jako pierwszy zastosował wszystkie techniki właściwe dla produkcji masowej na czele ze spawaniem. Na to nie wpadł nikt przed nim.

Stocznie Kaisera były największymi stoczniami świata. W czasie wojny dały Ameryce 1490 statków z serii Liberty, Victory (będącej kolejnym typem tanich transportowców) oraz małych lotniskowców za sumę o 100 milionów niższą od tej, którą rząd USA wydał na podobne statki z innych stoczni. Powstawały w takim tempie, że Niemcy nie mieli szans, by nadążyć z ich zatapianiem. Jednak na początku 1942 roku pojawił się problem. W pracujących na najwyższych obrotach amerykańskich stoczniach zaczęło brakować stali. Co zrobił Kaiser? Już w grudniu tego samego roku otworzył pierwszą na zachód od Gór Skalistych stalownię. Czy robił to wcześniej? Oczywiście... nie. A jednak zbudował jedną z największych stalowni Ameryki Północnej. Liczył sobie wówczas 60 lat.

W roku 1945 Kaiser kierował imperium zajmującym się budową statków, produkcją cementu, stali i innych podstawowych materiałów budowlanych. Dorobił się na tym niezłej fortuny. Jego niespożyta energia, pasja, chęć zdobywania nowych doświadczeń nie pozwalały mu spocząć na laurach. W jego głowie rodziły się kolejne pomysły. Założył spółkę motoryzacyjną Kaiser- -Frazer, która wypuściła na rynek kilka dobrych modeli aut, włącznie z pierwszym w Ameryce samochodem kompaktowym – małym i tanim modelem Henry J (1951 rok). Wcześniej odkupił i postawił na nogi upadającą fabrykę aluminium, żeby mieć materiał do produkcji aut. Niestety Henry J nie zyskał dużej popularności. Ale już Kaiser Aluminum tak, rozszerzając działalność na praktycznie wszystkie aspekty branży aluminiowej.

Na początku lat pięćdziesiątych Henry Kaiser wkroczył na rynek nieruchomości. Inwestował m.in. w rozwój Panorama City i Oakland. Jego uwaga szybko jednak przeniosła się na Hawaje. W latach 1954-1960 zbudował tam hotel Kaiser Hawaiian Village, dziś znany jako Hilton Hawaiian Village. W Honolulu spędził większość późnych lat życia, z ogromną pasją, obsesyjnie wręcz, udoskonalając tamtejszy krajobraz. Zainwestował także w sieć stacji radiowych i telewizyjnych, która stała się znana jako Kaiser Broadcasting. O wszystkich tych branżach wcześniej nie wiedział nic. To jednak nigdy nie powstrzymało go przed działaniem.

Kaiser to nie tylko legendarny biznesmen, ale także wielki filantrop. W czasie wojny zajmował się w ramach międzynarodowej pomocy organizowaniem zaopatrzenia w odzież ofiar działań wojennych. Ogromną część swojego majątku przeznaczył na polepszenie ogólnej sytuacji mieszkańców Stanów Zjednoczonych. Angażował się w budowę centrów miejskich, szkół i szpitali. Zawsze pozostawał w doskonałych stosunkach ze swoimi pracownikami. Płacił najwyższe możliwe stawki za pracę niezależnie od rodzaju przemysłu, za który się brał. Nigdy nie zwalczał związków zawodowych. Słynął nawet z powiedzenia, że „kopać związki po kostkach, to kopać samego siebie w tyłek". W trosce o swoich pracowników i ich rodziny w 1942 roku stworzył Kaiser Permanente, największą w kraju instytucję chroniącą zdrowie. Zainicjował także powstanie charytatywnej organizacji non profit Kaiser Family Foundation, skupiającej się na głównych problemach zdrowotnych, przed którymi stoi społeczeństwo.

Kaiser zmarł w wieku 85 lat, ale wiele jego dzieł przeżyło go. Słynna zapora Hoovera, którą podziwiają tysiące turystów z całego świata, hotel na Hawajach, system opieki medycznej Kaiser Permanente... W 1991 roku ukazała się książka napisana przez jego bliskiego współpracownika Alberta Heinera. Kaiser został w niej nazwany Kolosem Zachodu.

KALENDARIUM:

9 maja 1882 – narodziny Henry'ego Johna Kaisera
1906 – przeprowadzka na zachodnie wybrzeże USA
1907 – ślub z Bessie Kaiser
1908 – narodziny syna Edgara Fosburgha Kaisera
1914 – założenie firmy drogowej
1917 – narodziny syna Henry'ego Kaisera juniora
1927 – kontrakt na budowę dróg na Kubie
1931 – rozpoczęcie budowy zapory Hoovera
1933 – rozpoczęcie budowy tamy Grand Coulee
1938 – rozpoczęcie budowy tamy Bonneville
1939 – powstanie Kaiser Cement Plant
1939 – powstanie Kaiser Shipyards
1942 – powstanie Kaiser Steel

1942 – zbudowanie w rekordowym czasie transportowca Robert E. Peary
1942 – powstanie Kaiser Permanente
1945 – powstanie Kaiser-Frazer
1946 – powstanie Kaiser Aluminum
1948 – założenie Kaiser Family Foundation
1951 – ślub z Alyce Kaiser
1951 – wprowadzenie na rynek samochodu Henry J
1954 – rozpoczęcie budowy Kaiser Hawaiian Village
1958 – powstanie Kaiser Broadcasting
24 sierpnia 1967 – śmierć Henry'ego Johna Kaisera

CIEKAWOSTKI:

- Henry John Kaiser w 2009 roku znalazł się w California Hall of Fame, które powstało w 2006 roku z inicjatywy ówczesnego gubernatora Kalifornii Arnolda Schwarzeneggera, jego żony Marii Shriver oraz The California Museum w Sacramento, by uhonorować ludzi zasłużonych dla Kalifornii, działających w najróżniejszych dziedzinach.

- W trakcie wojny Henry John Kaiser wpadł na pomysł zrewolucjonizowania transatlantyckiego transportu i stworzenia latającego odpowiednika statku transportowego. Namówił do zaprojektowania takiego samolotu słynnego Howarda Hughesa – producenta filmowego, pilota i milionera. Była to bardzo malownicza postać, której życie stało się podstawą trzech filmów, m.in. *Aviatora* z 2004 roku w reżyserii Martina Scorsese. Kaiser zdobył też dotację amerykańskiego rządu. Jednak poprawiająca się sytuacja na frontach spowodowała porzucenie tego pomysłu – dla wszystkich stało się jasne, że budowa wielkiego transportowca nie ma już sensu. Dla wszystkich z wyjątkiem Hughesa, który postanowił dokończyć samolot na własną rękę. Wyłożył ze swojej kieszeni 18 mln dolarów i w 1947 roku, dwa lata po zakończeniu wojny, prototyp był gotowy. Tyle tylko, że był… niclotcm. Mimo to Hughcs zbudował klimatyzowany hangar, w którym przez kolejne lata samolot był utrzymywany w stałej

gotowości do „lotu". Obecnie można go oglądać w Muzeum Lotnictwa w McMinnville.
- Model samochodu skonstruowany w fabryce Kaisera, Henry J, mimo że nie odniósł sukcesu w Ameryce, stał się bardzo popularny na Kubie. Do dziś jeździ tam zaskakująco dużo tych aut. Wyjaśnienie jest proste. Na Kubie wielu Amerykanów, niekoniecznie bardzo bogatych, miało domy letniskowe. Fantastycznie spędzali tam czas, ale brakowało im samochodów. Kupowali więc najtańszy używany wóz, żeby na nich tam czekał. A jakie auto spełniało ten warunek? Henry J! Oczywiście współczesne modele czasem od oryginału mocno się różnią. Wszystkie mają silniki od Łady albo od czego popadnie, zaskakuje także bogactwo innych przeróbek, choćby oświetlenia.
- Ustawienie wszystkich wybudowanych statków typu Liberty w jednym ciągu dziób–rufa dałoby łączną długość 370 kilometrów (odległość z Gdańska od Warszawy).
- Podczas II wojny światowej jeden „liberciak" SS Opole znajdował się w składzie Polskiej

Marynarki Wojennej. Był dzierżawiony przez GAL – Gdynia-America-Line i zwrócony Stanom Zjednoczonym w 1947 roku. Jednostkę opisał znany rysownik Marian Walentynowicz, który płynął nią z Wielkiej Brytanii do Normandii razem z 1 Dywizją Pancerną generała Maczka. „Statki typu Liberty są to takie funkcjonalne szkielety bez dywanów, salonów, barów, sal jadalnych. Mają kilka bardzo prymitywnie wykończonych kabin przeznaczonych dla brygadierów i generałów. Reszta wiary śpi pokotem na ziemi na najwyższej kondygnacji przepaścistych ładowni wypełnionych czołgami, działami, samochodami i innym sprzętem wojskowym".

CYTATY:

„Robię postępy, bo otaczam się ludźmi mądrzejszymi od siebie i uważnie ich słucham. Zakładam też, że każdy wie na dany temat więcej ode mnie".

„Znajdź potrzebę i zaspokój ją".

„Problemy to możliwości ubrane w odzież roboczą".

„Kiedy Kaiser bierze się za jakiś projekt, zadaje sobie dwa pytania. Po pierwsze, czy to jest finansowo do zrealizowania. Po drugie, czy projekt będzie jakimś wkładem w życie społeczne – czy uczyni coś dostępniejszym dla coraz większej liczby ludzi po lepszej cenie" (John Gunther, słynny amerykański reporter).

ŹRÓDŁA I INSPIRACJE:

Stephen B. Adams, *Mr. Kaiser Goes to Washington*, „The Business History Review" 1988, t. 72, nr 2.

Mark S. Foster, *Henry J. Kaiser: Builder in the Modern American West*, University of Texas Press, 1989.

Albert P. Heiner, *Henry J. Kaiser: Western Colossus*, Halo Books, 1991.

Donald Robinson, *Stu najważniejszych ludzi dzisiejszego świata*, 1952.

http://gadzetomania.pl/3580,swierkowa-ges-z-brzozowej-sklejki-najwiekszy-na-swiecie-samolot-ktory-nie-chcial-latac.

Biografia Henry'ego Kaisera, „Encyclopaedia Britannica", http://www.britannica.com/biography/Henry-J-Kaiser.

The Most Influencial Businessman, „Forbes", http://www.forbes.com/2005/07/28/cx_bizmanslide.html.

http://www.geni.com/people/Henry-J-Kaiser/6000000023042655931.

http://www.objawienia.pl/sub/text/kaiser.html.

http://www.u-s-history.com/pages/h1829.html.

http://www.zlomnik.pl/index.php/2014/11/25/poznajemy-samochody-henryk-j-cesarz.

Ingvar Kamprad

(1926-2018)

szwedzki przedsiębiorca, twórca marki IKEA

Ingvar Kamprad urodził się na farmie na południu Szwecji. Od dziecka pomagał w gospodarstwie, które prowadziła jego babcia. Gdy jej mąż popełnił samobójstwo, ta silna i mądra kobieta wyprowadziła rodzinny biznes z długów. Ona też miała największy wpływ na wychowanie młodego Ingvara. Chłopak umiał świetnie liczyć i był bardzo spostrzegawczy. Sam wymyślił, że jeśli sprzeda na sztuki kupione hurtowo zapałki, może na tym zarobić. Wspominał, że czuł wielką radość, gdy udało mu się w ten sposób zdobyć pierwsze pieniądze – miał wtedy nie więcej niż pięć lat.

Jego pasja do biznesu stale się rozwijała. Uczył się, obserwując otoczenie i zachowania ludzi. Szukał sytuacji, w których mógłby sprzedawać ludziom drobne przedmioty w momencie, kiedy ich najbardziej potrzebowali. Kolegom z klasy sprzedawał ołówki, a sąsiadom nasiona ogrodowe. Oszczędzał każdą koronę i bardzo wiele od siebie wymagał. Starał się nie tracić czasu. Żeby zawsze móc wstawać przed szóstą rano i poskromić chęć dłuższego spania, wymontował nawet wyłącznik z budzika.

Mimo że borykał się z dysleksją, a czas wolny dzielił między pomoc w gospodarstwie i własny mały biznes, ukończył szkołę z bardzo dobrymi wynikiem. Jego ojciec dał mu za to w nagrodę znaczną sumę pieniędzy. Miał nadzieję, że Ingvar wyda je na studia. Ingvar jednak w wieku 17 lat miał już ponad dekadę doświadczenia w sprzedaży, a jego „przedsiębiorstwo" obejmowało swoją działalnością teren większy niż najbliższe sąsiedztwo. Był pewny, że chce wszystkie oszczędności oraz pieniądze, które dostał, zainwestować w spełnienie marzenia o założeniu prawdziwej firmy.

W rozpoczęciu oficjalnej działalności musiał pomóc mu wujek, bo Ingvar nie był przecież jeszcze pełnoletni. Nie miał też samochodu transportowego, więc musiał korzystać z pomocy dostawcy mleka. Codziennie rano wysyłał do swoich klientów zamówione przez nich drobne przedmioty, na przykład ramki do obrazów czy ozdoby świąteczne. Tak wyglądały początki firmy IKEA, która miała niebawem stać się globalnym gigantem.

Ingvar nie miał mentorów, od których mógłby się uczyć sztuki biznesu. W tej dziedzinie był prawdziwym samoukiem – wszystkiego musiał nauczyć się sam, uważnie przyglądając się swoim klientom i działaniom konkurencji. Od konkurencyjnego sklepu przejął pomysł, by sprzedawać meble. Po wojnie w Szwecji wybudowano ponad milion nowych mieszkań, a dla wielu ludzi wyposażenie dostępne na rynku było zbyt drogie. Ingvar rozumiał, że to jest wielka szansa dla jego firmy, chciał ją wykorzystać, ale najpierw musiał zmierzyć się z kilkoma problemami, a przy okazji wykazać się kreatywnością.

Pierwszym był system oznaczeń mebli. Jako dyslektyk nie był w stanie zapamiętać numerów, którymi oznaczane były ich kategorie. Wymyślił więc własny system, który okazał się dużo bardziej praktyczny. Każdej kategorii mebli nadał nazwy pochodzące od szwedzkich imion, nazw miejscowości lub wysp. W takim systemie poruszał się bez problemu. Klienci przyjęli ten pomysł z zachwytem, bo meble z „imionami" miały bardziej ludzki i unikatowy charakter.

Kolejną trudnością, z którą musiał się zmierzyć Ingvar, były koszty transportu. W latach pięćdziesiątych meble składano u producenta i dostarczano klientowi w całości. Skutek był taki, że zajmowały dużo miejsca, a samochody transportowe woziły głównie powietrze. Któregoś dnia jeden ze stolarzy, zdenerwowany, że nie może zmieścić stołu w transporcie, odczepił od niego nogi i zapakował osobno. Ingvar równie uważnie jak poczynania konkurencji oraz zachowania klientów obserwował pomysły swoich pracowników i potrafił je wykorzystywać. Spostrzegł więc, że to było rozwiązanie z ogromnym potencjałem. Zainspirowany, rozpoczął prace nad specjalną linią mebli, które można transportować w płaskich paczkach i składać już u klienta. Pomysł szeregowego pracownika był tak przełomowy, że przerodził się w motto firmy IKEA: „We hate air" (Nie cierpimy [wozić] powietrza).

Dwa lata później meble do samodzielnego złożenia, opatrzone szczegółowymi instrukcjami, trafiły do sprzedaży. Klienci początkowo byli zdziwieni faktem, że kupując takie meble muszą wykonać część pracy, która do tej pory należała do stolarza, ale oszczędzali tak dużo, że godzili się na to bez większego wahania. Ceny w sklepach IKEA stały się nie do pobicia.

Od tej pory największym zmartwieniem Kamprada były już tylko konkurencyjne sklepy. Sprzedawcy mebli nie byli w stanie konkurować z nim ani ceną ani jakością, stosowali więc wszelkie możliwe chwyty, by utrudnić mu dotarcie do klienta. Bojkotowali jego obecność na targach i namawiali stolarzy, by zrywali z nim kontakty. Ingvar był zmuszony otworzyć własną fabrykę mebli. Żeby zyskać przewagę nad innymi firmami sprzedającymi wysyłkowo, założył także pierwszy showroom, gdzie klienci mogli na żywo zobaczyć meble i ich dotknąć.

Dociekliwy Ingvar zauważył, że w latach 60. duża część szwedzkich rodzin korzystała już z samochodów. To otwierało zupełnie nowe możliwości robienia zakupów. Założył swój showroom, a potem także sklep, z dala od centrum miasta. Za trudy dotarcia oferował klientom ciepłą przekąskę. To pozwoliło mu poczynić kolejne oszczędności. Zbudowało też nową kulturę zakupów, w której wycieczka do sklepu IKEA stała się rytuałem i rodzajem spędzania wolnego czasu. Klienci najpierw oglądali produkty w showroomie, potem robili przerwę na obiad, następnie przechodzili do strefy odbioru, w której odbierali zamówione towary zapakowane w płaskie paczki. Za kasami czekała na nich kawa i ciepła przekąska. Korzyścią dla sklepu okazał się fakt, że przechodząc przez tak złożony proces, klienci nie chcieli wychodzić z pustymi rękami. Okazało się też, że wysiłek, który musieli włożyć w to, by samodzielnie złożyć meble, sprawiał, że czuli się z nimi bardziej związani. Mieli poczucie, że w części sami je zrobili.

IKEA podbijała serca coraz większej rzeszy klientów i tworzyła nowy styl życia. Im bardziej jednak popularność marki rosła, tym usilniej konkurencja pracowała nad podkopaniem jej pozycji. Nieugięty Kampard jednak i na to znalazł radę. Zdecydował o przeniesieniu produkcji poza granice Szwecji. Zrobienie tego bez podnoszenia kosztów graniczyło z cudem. Wielu myślało, że to koniec jego firmy.

Ingvar jednak nie należał do ludzi, którzy łatwo się poddają i już nieraz udowodnił, że potrafi znajdować nietypowe rozwiązania i uczyć się także w sytuacjach dla siebie niekorzystnych. Tym razem jednak to, co wymyślił, graniczyło z szaleństwem: postanowił rozpocząć współpracę z producentami w Polsce. Polska w latach 60. była krajem komunistycznym pod silnym wpływem ZSRR i praktycznie nie utrzymywała kontaktów biznesowych za „żelazną kurtyną". Współpraca polsko-szwedzka była czymś bardzo nietypowym, ale pozwoliła firmie Kamprada przetrwać i dalej się rozwijać. Sklepy IKEA pojawiały się w kolejnych krajach Europy, choć do Polski zawitały dopiero w 1994 roku.

Ingvar włożył wiele pracy nie tylko w rozwój firmy, lecz także w rozwój jej filozofii. Kiedy powstawały kolejne sklepy na terenie Europy, coraz wyraźniej rysował się nowy styl mieszkania, w którym meble przestawały być wyznacznikiem statusu materialnego. Zarówno bogatsze, jak i biedniejsze rodziny kupowały takie same meble ze względu na ich funkcjonalność. W swoim manifeście *Testament sprzedawcy mebli* z 1973 roku Ingvar pisał, że tym właśnie objawia się dobry design: można osiągnąć doskonałe efekty niskim kosztem przede wszystkim dzięki myśli projektowej, która zakłada, że trzeba osiągnąć jak największą funkcjonalność, wykorzystując optymalnie wszelkie dostępne zasoby.

Bardzo ważna była też dla niego kultura pracy – dbał o to, by mieć bliski kontakt z pracownikami, także najniższego szczebla. Słuchał ich rad i często odwiedzał w zwykłe dni robocze.

Wiedział już z wcześniejszych doświadczeń, że od nich również może się wiele nauczyć. Wyznawał też zasadę, że jeśli oczekuje jakiegoś zachowania od swoich pracowników, to musi sam zachowywać się podobnie, dlatego będąc jednym z najbogatszych ludzi w Europie, żył skromnie, poruszał się klasą ekonomiczną i… często wpadał na obiad do restauracji w sklepach IKEA.

Jednakże w filozofii oszczędności Kamprad był konsekwentny aż do przesady. Ludzi dziwiła jego skromność w codziennym życiu, ale prawdziwe kontrowersje wywołała jego decyzja, by oszczędzić na podatkach, przenosząc własność firmy na fundację INGKA założoną w Holandii. Statutową misją tej fundacji jest „promocja technologii związanych z designem i architekturą wnętrz". Nawet wliczając w koszty działalność charytatywną, przejęcie przez fundację przyniosło firmie IKEA ogromne korzyści finansowe.

Ingvar pracował przez 90 lat, zmagając się z własnymi słabościami i przeciwnościami rynku. Jego lata pracy włożone w to, by zbudować dobre relacje ze swoimi pracownikami, mogły zostać zniweczone w 1994 roku, gdy w prasie ukazały się rewelacje o tym, że jako nastolatek Ingvar utrzymywał kontakty ze szwedzką partią narodowosocjalistyczną (Szwedzka Koalicja Socjalistyczna). Kamprad napisał osobisty list do swoich pracowników, w którym szczerze przeprosił, tłumacząc, że jako nastolatek był głupi, a tamta decyzja była największym błędem jego życia. Dla ludzi, którzy do tej pory widzieli w nim nieomylnego przywódcę, to był sygnał, że Ingvar to także zwykły człowiek, który popełnia błędy i docenili, że potrafi się do nich przyznać. To spowodowało, że nie odwrócili się od niego.

W 2006 roku wycofał się ze stanowiska szefa firmy, oddając je swojemu najmłodszemu synowi Mathiasowi. Ingvar Kamprad przez całe życie opierał się na intuicji i łamał ustalone konwencje, dzięki czemu sam wyznaczał trendy. Mimo że mógł studiować, wolał sam zdobywać wiedzę, korzystając ze zmysłu obserwacji, własnych doświadczeń oraz stale przez niego rozwijanej kreatywności. Doceniał też pomysły i wiedzę swoich pracowników, od których także wiele się uczył. W ten sposób stworzył jedną z najsilniejszych marek świata.

KALENDARIUM:

1926 – Ingvar Kamprad rodzi się w Pjätteryd w Szwecji
1943 – założenie firmy IKEA
1945 – pojawia się pierwsza reklama produktów IKEA w lokalnej gazecie
1948 – IKEA zaczyna sprzedawać meble od lokalnych wytwórców
1951 – pojawia się pierwszy katalog IKEA
1951 – pojawia się idea, by meble sprzedawać w płaskich paczkach do złożenia u klienta
1953 – pierwszy showroom
1955 – konkurencja wywiera presję na lokalnych wytwórców, wskutek czego IKEA zaczyna samodzielnie produkować meble

1956 – w sprzedaży pojawiają się meble do złożenia u klienta

1958 – pojawia się pierwszy sklep

1960 – pojawia się pierwsza restauracja w sklepie ze słynnymi klopsikami

1976 – Ingvar wydaje swój manifest zatytułowany *Testament sprzedawcy mebli* (*A Testament of a Furniture Dealer*), w którym opisuje swoją filozofię tworzenia firmy

1976 – Ingvar wyprowadza się do Szwajcarii, gdzie mieszka przez kolejne 40 lat

1982 – Ingvar zakłada Stichting INGKA Foundation

1993 – IKEA posiada 114 sklepów w 25 krajach

2006 – INGKA Foundation zostaje ogłoszona przez „The Economist" najbogatszą fundacją świata. Niedługo potem wyprzedza ją fundacja Billa i Melindy Gatesów

2006 – magazyn „Forbes" ocenia fortunę Ingvara na 28 mld dolarów

2013 – w wieku 87 lat Ingvar ustępuje z funkcji szefa firmy IKEA; stanowisko przejmuje jego syn Mathias

CIEKAWOSTKI:

- Nazwa IKEA pochodzi od imienia Ingvara i miejsca skąd pochodził: Ingvar Kamprad z farmy Elmtaryd w wiosce Agunnaryd.
- Katalog IKEA to największe darmowe papierowe czasopismo świata. Na katalogi IKEA przeznacza 70% swojego budżetu marketingowego.
- W firmie IKEA 40% managerów najwyższego stopnia to kobiety.
- IKEA postawiła sobie jako cel, by używać tylko energii odnawialnej.
- Od 2008 roku można kupić wirtualne meble IKEA w grze The Sims.
- W 1994 w reklamie IKEA wystąpiła para homoseksualna – IKEA była jedną z pierwszych globalnych firm, które zdecydowały się na taki krok wizerunkowy.
- Co 10 Europejczyk śpi na łóżku wyprodukowanym przez IKEA.
- IKEA zużywa 1% światowej produkcji drewna na cele komercyjne.

- Największy sklep IKEA na świecie położony w Korei Południowej ma 59 000 m² powierzchni.

O FIRMIE IKEA:

340 sklepy w 52 krajach (2016)
Przychody: 34 mld euro (2016)
Pracownicy: 208 000 (2016)

FILOZOFIA FIRMY ZAWARTA W MANIFEŚCIE *TESTAMENT SPRZEDAWCY MEBLI*:

- Postaw sobie za cel tworzenie wysokiej jakości produktów za rozsądną cenę.
- Jakość nie jest celem samym w sobie – patrz na nią zawsze w odniesieniu do kosztów jej uzyskania. Nie należy tworzyć mebla, który będzie wyjątkowo wytrzymały, jeśli jego użytkowanie tego wcale nie wymaga. Każdy zaprojektuje

dobry stół za 5 tysięcy koron, ale potrzeba doskonałego projektanta, by zaprojektował równie dobry stół kosztujący jedynie 100 koron.
- Marnowanie zasobów to straszna choroba ludzkości – staraj się osiągnąć jak najwięcej tym, co już masz.
- Wyłamuj się z utartych ścieżek i dbaj o wolność podejmowania decyzji – to jedyny sposób, by móc się rozwijać. Eksperymentuj i nie bój się popełniania błędów.
- Jeśli chcesz, by twoi pracownicy coś robili, przede wszystkim sam dawaj im przykład.
- Skoncentruj się na kluczowych produktach – nie próbuj zaspokoić wszystkich potrzeb i wszystkich gustów.
- Rozwój to nie to samo, co postęp – nie wystarczy, by firma się rozrastała, musi też zmieniać się na lepsze.
- Pieniądze są ważne, bo dają możliwość rozwoju. Zarządzaj finansami, patrząc na długoterminowe cele i nie poświęcaj ich dla celów krótkoterminowych. To, co jest dobre dla naszych klientów, w dłuższej perspektywie jest dobre dla nas.

- Skomplikowane zasady w firmie i biurokracja paraliżują jej pracę. Jeśli ludzie boją się popełniać błędy, bo boją się odpowiedzialności, to też mnoży biurokrację.
- Popełnianie błędów to przywilej ludzi aktywnych i podejmujących odważne decyzje.
- Najlepsze zwycięstwa to te, w których nikt nie przegrywa.
- Czas jest twoim najcenniejszym zasobem.

MYŚL NA BAZIE ŻYCIORYSU:

Stwórz produkt, który da zwykłemu człowiekowi luksus, na jaki wcześniej stać było tylko najbogatszych.

CYTATY:

„Prostota i zdrowy rozsądek zawsze powinny charakteryzować planowanie strategicznego kierunku".

„Szybkie pieniądze przeważnie szybko się kończą".

„Szybkie zarabianie przeważnie polega na niszczeniu innych, a nie na budowaniu".

„Tylko śpiąc, nie popełnia się błędów".

ŹRÓDŁA I INSPIRACJE:

IKEA: http://www.ikea.com.
Serial o kulturze IKEA, EasyToAssembleTV, https://www.youtube.com/user/EasyToAssembleTV.
Bertil Torekull, *Ingvar Kamprad, Leading By Design: The Ikea Story Book*, Collins, 1999.
Ingvar Kamprad, *The Testament of a Furniture Dealer*, 1973, http://www.ikea.com/ms/en_US/pdf/reports-downloads/the-testament-of-a-furniture-dealer.pdf.
Johan Stenebo, *The Truth about IKEA: The Secret Success of the World's most Popular Furniture Brand*, Gibson Square Books, 2010.

Anders Dahlvig, *The IKEA Edge: Building Global Growth and Social Good at the World's Most Iconic Home Store*, McGraw-Hill Education, 2011.

Sara Kristoffersson, *Design by IKEA: A Cultural History*, Bloomsbury Academic, 2014.

House Perfect, „New Yorker", http://www.newyorker.com/magazine/2011/10/03/house-perfect.

The secret of IKEA's success, „The Economist", http://www.economist.com/node/18229400.

Flat-pack accounting, „The Economist", http://www.economist.com/node/6919139.

Rhymer Rigby, *28 Business Thinkers Who Changed the World: The Management Gurus and Mavericks Who Changed the Way We Think about Business*, Kogan Page, 2011.

Business Heroes: Ingvar Kamprad, London Business School, https://www.london.edu/faculty-and-research/lbsr/business-heroes-ingvar-kamprad#.VtmxMZMrKhd.

❈

Kerkor „Kirk" Kerkorian

(1917-2015)

Amerykanin ormiańskiego pochodzenia,
biznesmen, inwestor i filantrop, właściciel
linii lotniczych, wytwórni filmowych
i największych hoteli w Las Vegas

Był dzieckiem ormiańskiego emigranta analfabety. W ósmej klasie wyrzucono go ze szkoły za wagarowanie i bijatyki. Jako młodzieniec w czasie II wojny światowej z narażeniem życia dostarczał bombowce dla Brytyjskich Sił Powietrznych z Kanady do Wielkiej Brytanii. Po wojnie handlował używanymi samolotami z demobilu. Następnie kupił linię lotniczą i przewoził bogatych Amerykanów z Los Angeles do Las Vegas.

W tym mieście się zakochał i postawił tam trzy największe hotele na świecie. Później zainteresował go przemysł filmowy, więc został właścicielem jednej z największych wytwórni filmowych Metro-Goldwyn-Meyer. Miał również udziały w gigancie motoryzacyjnym – Chryslerze. Jego firma International Leisure Inc. kontrolowała połowę kasyn i salonów gier w Las Vegas.

Kirk Kerkorian urodził się we Fresno w stanie Kalifornia 6 czerwca 1917 roku jako najmłodsze z czwórki dzieci ormiańskich emigrantów, którzy prowadzili farmę i produkowali między innymi rodzynki. W czasie Wielkiego Kryzysu musieli zamknąć farmę i przeprowadzić się do Los Angeles. Kirk nie znał angielskiego, bo w domu rozmawiali ze sobą wyłącznie w ojczystym języku. Angielski poznał dopiero, gdy poszedł do szkoły. Być może dlatego nigdy nie był dobrym uczniem. Rodzina często przeprowadzała się, więc Kirk zmieniał szkoły. To nie sprzyjało jego nauce. Na dodatek jako 9-letni chłopiec musiał już pracować: sprzedawał gazety i wykonywał inne dorywcze prace. Powiedział potem w jednym z wywiadów: „Z powodu biedy miałem dodatkowy napęd, to znaczy większą motywację i siłę od ludzi, którzy dziedziczyli jakiś majątek. Ja wiedziałem, że mogę liczyć tylko na siebie. Dlatego byłem silniejszy psychicznie od innych". Swoją siłą fizyczną i psychiczną musiał wielokrotnie udowadniać, także na ulicy. W Los Angeles należał do gangu ulicznego o nazwie Liga Narodów, ponieważ skupiał on dzieci tamtejszych emigrantów. Z powodu wagarowania oraz licznych bójek został w ósmej klasie usunięty ze szkoły i skierowany do zakładu dla trudnej młodzieży, gdzie porządek był utrzymywany przy pomocy skórzanego pasa nabijanego metalowymi ćwiekami. Przebywanie w środowisku zdemoralizowanych młodych ludzi zmusiło go do walki o godność i o szacunek. Tyle tylko, że nie musiał już tego robić na ulicy. Wtedy okazało się, że miał talent do boksu. Po opuszczeniu zakładu nie wrócił do bójek ulicznych, lecz rozpoczął systematyczne treningi. Pomagał mu w nich starszy brat Nish i to tak skutecznie, że Kirk został mistrzem Los Angeles w wadze lekkośredniej. Połączenie talentu z wytrwałością przyniosło rezultaty. Przez krótki czas Kirk marzył o karierze profesjonalnego pięściarza, jednak inna pasja miała okazać się silniejsza...

W 1939 roku pracował jako pomocnik zduna i zarabiał 45 centów na godzinę. Jego szef Ted O'Flaherty był miłośnikiem lotnictwa i pewnego dnia zabrał go na pokład małego samolotu. Odtąd Kirk wiedział, że chce zostać pilotem. Nie miał jednak pieniędzy na kurs. Nie miał też zwyczaju rezygnować tylko dlatego, że pojawiają się trudności. Zastanowił się, co zrobić w tej sytuacji. Umiejętność niebanalnego myślenia podsunęła mu wkrótce pomysł, który inni prawdopodobnie uznaliby za zupełnie nierealny. Pojechał bowiem do ekscentrycznej pionierki kobiecej awiacji Florence „Pancho" Barnes. „Nie mam wykształcenia, nie mam pieniędzy, a chcę być pilotem. Pomożesz mi?" – zapytał. Kobieta zgodziła się nauczyć go pilotażu. W zamian zajmował się jej farmą: doił krowy, sprzątał, wynosił gnój z obory. Po 6 miesiącach był licencjonowanym pilotem. I osiągnął to człowiek, który uznawany był w szkole za mało zdolnego! Jak się okazuje, jeśli wyznaczymy sobie cel i będziemy do niego uparcie dążyć, mamy ogromną szansę na jego osiągnięcie. Kirk zaczął nawet pracować jako instruktor lotnictwa, jednak to już go nie pasjonowało tak jak latanie. W czasie II wojny światowej dostarczał jako pilot bombowce z Kanady do Szkocji i za zarobione w ten sposób pieniądze po wojnie kupił mały samolot Cessna. Kilka razy w tygodniu biznesmeni z LA wynajmowali go na loty do Las Vegas. Był tym miastem zachwycony. Inspirowało go i podsuwało nowe, niezwykle śmiałe pomysły, które urzeczywistniał z zegarmistrzowską precyzją.

Postanowił, że uruchomi połączenie lotnicze z Los Angeles do Las Vegas. Widząc zapotrzebowanie na tego typu usługi wśród bogatej klienteli LA i okolic, wiedział, że będzie to bardzo dochodowe przedsięwzięcie. Miał nieco oszczędności, resztę pieniędzy pożyczył z banku i za 60 000 dolarów kupił małą linię lotniczą Trans International Airlines. Potem dokupił kilka bombowców z demobilu, którymi woził do Las Vegas żądnych przygód biznesmenów, celebrytów i aktorów z Los Angeles. Pożyczkę spłacił błyskawicznie dzięki swojej pomysłowości i umiejętności wykorzystania okazji. Kupione przez niego samoloty wojskowe miały pełne baki paliwa, a w tych czasach benzyna była bardzo droga. Kirk wypompował paliwo z baków i sprzedał je na wolnym rynku, zarabiając w ten sposób dodatkowe pieniądze! Właścicielem linii był do 1968 roku, gdy sprzedał ją Transsamerica Corporation za 104 miliony dolarów. Kirk zawsze zachowywał spokój nawet w najtrudniejszych momentach, zarówno przy podejmowaniu decyzji biznesowych, jak i przy stole w kasynie. Jednej nocy potrafił przegrać kilkadziesiąt tysięcy dolarów, jednak nigdy nie pogrążył się w długach, ponieważ potrafił wstać od stołu w odpowiednim momencie. Po latach wspominał: „Zawsze zostawiałem sobie otwarte drzwi, takie wyjście awaryjne, zarówno w hazardzie, jak i w biznesie. Możesz stracić dużo pieniędzy, ale zawsze miej coś na kolejną inwestycję". A tą kolejną inwestycją, mającą zmienić jego całe życie, był zakup w 1962 roku 30 hektarów gruntu na Las Vegas Strip – najbardziej reprezentacyjnym miejscu w mieście, gdzie mieszczą się najlepsze kasyna i największe hotele. Transakcję tę magazyn „Forbes" nazwał „jednym z największych sukcesów w handlu gruntami w historii Las Vegas". Cena nie była wygórowana jak na tę lokalizację: 960 tysięcy dolarów. Był tylko jeden problem – był to wewnętrzny pas gruntu. Kerkorian wytargował jednak od sąsiadów po kilka akrów ziemi, na której i tak nic nie mogli zbudować, w ten sposób zapewniając sobie dojazd z głównej ulicy. Na tej nieruchomości zarobił… 9 milionów dolarów: 4 miliony dzierżawy za grunt, na którym stanął hotel Ceasars Palace zbudowany przez milionera Jaya Sarno, i 5 milionów, gdy sprzedawał mu ten grunt w 1968 roku.

Mając pieniądze ze sprzedaży linii lotniczych i ziemi, Kerkorian był gotowy do postawienia swojego pierwszego wielkiego hotelu typu mega resort w Las Vegas. Wierzył, że ludzie z całego kraju będą chcieli przyjeżdżać z dziećmi do Las Vegas i spędzać tu czas. Miał wizję i postanowił ją zrealizować punkt po punkcie. Dlatego w największym wtedy hotelu na świecie, czyli International Hotel, zbudowanym za 52 miliony dolarów oprócz tradycyjnej części dla dorosłych przygotowano moc atrakcji dla najmłodszych, tak by miały co robić, gdy rodzice będą zajmować się swoimi sprawami. Były place zabaw, baseny, organizowano dla dzieci wycieczki. Kerkorian podejmując decyzję o tego typu działalności, ryzykował. Opowiadał o tym w jednym z wywiadów: „Możesz pytać o zdanie wiele osób, jednak gdy dojdzie do podjęcia najważniejszej decyzji, musisz polegać na sobie". Okazało się, że instynkt go nie zawiódł. Działał na wielką skalę, inwestując ogromne pieniądze w ściągnięcie do hotelu największych gwiazd estrady: Barbary Streisand, Tiny Turner i Elvisa Presleya. Elvis występujący przez 30 wieczorów pod rząd za każdym razem przyciągał do kasyna ponad 4000 osób, które, jak się można domyśleć, zostawiały tam masę pieniędzy. W 1973 roku Kirk otworzył jeszcze większy obiekt – MGM Grand Hotel and Casino. Nazwa hotelu nie była przypadkowa, gdyż właśnie w tym czasie Kerkorian był właścicielem wytwórni filmowej Metro-Goldwyn-Meyer. Hotel posiadał 2100 pokoi, funkcjonowało w nim 26 sklepów. Sala widowiskowa mogła pomieścić 1200 osób. Niestety, hotel spalił się w 1980 roku w największym pożarze w historii miasta. Zginęło wtedy 87 osób. Nikt nie wierzył w to, że hotel można będzie odbudować, ale Kirk tak. „Nie mogłem po prostu tego zostawić, gdy wszyscy moi ludzie tam byli. Musiałem go odbudować" – wspominał później. I znów okazał się w swoich działaniach konsekwentny. Po trwającym 8 miesięcy remoncie hotel otwarto ponownie! W 1985 roku Kirk sprzedał swoje hotele firmie Bally Manufacturing za ponad pół miliarda dolarów, ale w 1993 roku zbudował trzeci i największy hotel na świecie – MGM. Ochrzcił go imieniem Potwora z Las Vegas. Hotel miał 5000 pokoi, własne centrum handlowe, arenę sportową, baseny, pole golfowe.

Kerkorian był człowiekiem dalekowzrocznym. Działał w różnych branżach i w ten sposób uniezależniał się od możliwych lokalnych kryzysów rynkowych. Na początku lat 90. zaczął inwestować w znajdujący się wtedy w dołku przemysł motoryzacyjny. Wierzył w swoją intuicję biznesową, która podpowiadała mu, że inwestycja się opłaci. Kupił udziały w Chryslerze. Po 7 latach nakłady zwróciły mu się trzykrotnie!

Działania biznesowe, które podejmował, wzbudzały szacunek, a często nawet strach w zarządach wielu wielkich firm, które nastawione były wyłącznie na utrzymanie status quo. Jego metodą było bowiem kupienie pakietu większościowego akcji jakiegoś przedsiębiorstwa, przejęcie nad nim kontroli, a następnie podzielenie go na mniejsze firmy, które znacznie lepiej sobie radziły i przynosiły w sumie większe dochody. Następnie odsprzedawał je z zyskiem, czasami poprzedniemu zarządowi, za co jego konkurenci oskarżali go nawet o nieetyczne działanie. W przypadku wytwórni MGM potrafił tak zrobić trzykrotnie. W okresie 35 lat trzy razy ją kupował i następnie sprzedawał – ostatni raz w 2004 roku firmie Sony za pięć miliardów dolarów! Kupując po raz pierwszy w 1969 roku zadłużone i obciążone kredytami MGM, szybko postawił je na nogi. Podjął odważną decyzję, która na pierwszy rzut oka była wbrew logice. Zrezygnował z drogich produkcji uznawanych za najbardziej dochodowe na rzecz sprzedaży największych hitów kinowych do telewizji i na tym zbił fortunę. Wiedział, że czasem, aby odnieść sukces, trzeba iść w górę rzeki, podczas gdy inni płyną z prądem. Jako wizjoner potrafił spojrzeć na biznes z innej perspektywy – gdy wszyscy widzieli szansę w wielkich produkcjach, on poszedł zupełnie inną drogą, niewymagającą na dodatek żadnych nakładów finansowych. Nie wszystko mu się oczywiście udawało w biznesie. Wśród niezrealizowanych inwestycji można wymienić próby przejęcia General Motors, 20th Century Fox, Columbia Picture, Walt Disney Production. Nie znosił przegrywać, potrafił jednak przełknąć te porażki i pójść dalej. Wierzył w siebie, wiedział, że da sobie radę, nawet gdy nie wszystko układało się po jego myśli. Miał jednak kompleksy z powodu braku formalnego wykształcenia. „Żałuję, że nic potrafię się tak wysławiać, jak Donald Trump albo Steve Wynn" – powiedział w 2005 roku w wywiadzie dla Los Angeles Times, nawiązując do swoich konkurentów na rynku nieruchomości. Właśnie brak wykształcenia był powodem tego, że rzadko udzielał wywiadów i nigdy nie przemawiał publicznie. Prywatnie był nieśmiałym, skrytym i bardzo „normalnym" człowiekiem. Mając wszystkie dostępne luksusy – rezydencje, jachty, luksusowe limuzyny – jeździł starym fordem taurusem albo jeepem. Mógł spędzać czas z największymi postaciami swoich czasów, takimi jak Cary Grant czy Frank Sinatra, wolał jednak pograć w tenisa z przyjaciółmi albo iść do kina. Nigdy nie zapomniał o kraju swoich rodziców – Armenii. W różnych akcjach charytatywnych przekazał swoim rodakom około miliarda dolarów.

Biznesmen zmarł w Beverly Hills w Kaliforni w wieku 98 lat. Gdy był u szczytu swoich przedsięwzięć, wartość jego majątku wyceniano na 16 miliardów dolarów. Światowy kryzys z 2011 roku bardzo mocno uderzył w biznesy Kerkoriana, okrutnie redukując jego wartość do „zaledwie" 4 miliardów. „Wielu ludzi pyta mnie, jak doszedłem do tego wszystkiego. Odpowiadam, że miałem szczęście. Zawsze marzyłem, że jeśli uda mi się zarobić 50 000 dolarów, to będę najszczęśliwszym człowiekiem na świecie" – mówił skromnie w wywiadzie dla Los Angeles Times. Synowi niepiśmiennego farmera z Armenii udało się zarobić znacznie więcej. Na szczęście, o którym mówił, ciężko, ale z dużą przyjemnością pracował przez całe życie. W osiągnięciu sukcesu pomogły mu między innymi: nieskrępowane marzenia, umiejętność szybkiego podejmowania decyzji, a także „zimna" głowa. Mimo swojej odwagi nigdy nie grał va banque, zawsze zostawiał sobie wyjście awaryjne – środki finansowe na kolejną inwestycję. Brak wykształcenia nadrabiał hartem ducha, ambicją, odwagą i myśleniem wizjonera.

KALENDARIUM:

6 czerwca 1917 – narodziny Kirka we Fresno w stanie Kalifornia
1920 – przeprowadzka z rodziną do Los Angeles

1926 – jako 9-latek podejmuje pierwszą pracę: roznosiciela gazet

1931 – w ósmej klasie zostaje relegowany ze szkoły z powodu wagarowania i notorycznych bójek

1939 – uzyskuje licencję pilota samolotów, a w czasie II wojny światowej dostarcza RAF (Brytyjskie Siły Powietrzne) bombowce z Kanady do Wielkiej Brytanii

1942 – Kirk żeni się z Hildą Szmidt; po 10 latach rozstają się; nie mają dzieci

1944 – uruchamia prywatne przeloty dla hazardzistów z Los Angeles do Las Vegas

1947 – za 60 000 dolarów kupuje małą linię lotniczą Trans American Airlines, 20 lat później sprzeda ją za 104 mln dolarów

1954 – Kerkorian żeni się ponownie, tym razem wybranką jego serca jest tancerka Jean Maree Hardy; mają dwie córki: Lindę i Tracy; małżeństwo trwa 30 lat i kończy się rozwodem w 1984 r.

1962 – za 960 tysięcy dolarów kupuje 30 ha ziemi w centrum Las Vegas; wynajmuje je pod budowę hotelu, a następnie sprzedaje, zarabiając na tym 9 milionów dolarów

1968 – otwiera swój pierwszy hotel International; budynek kosztował 52 mln dolarów i był wtedy największym hotelem na świecie

1969 – kupuje większość udziałów w studiu filmowym Metro-Goldwyn-Meyer (Kirk trzy razy kupował i sprzedawał wytwórnię, za każdym razem z zyskiem; ostatni raz sprzedał ją firmie Sony w 2004 r. za 5 mld dolarów)

1973 – w Las Vegas rozpoczyna działalność nowy hotel Kerkoriana – MGM Grand Hotel and Cassino, znowu największa tego typu inwestycja na świecie, która kosztowała go 82 mln dolarów

1980 – W pożarze w MGM Grand Hotel ginie 87 osób, a budynek zdaniem wielu nie nadaje się do remontu; mimo to Kerkorian decyduje się na odbudowę i 8 miesięcy później obiekt wznawia działalność!

1993 – Kirk otwiera w Las Vegas swój trzeci i znowu największy hotel na świecie – MGM; hotel posiada 5000 pokoi, własne centrum han-

dlowe, arenę sportową, baseny, pole golfowe; nazywano go „potworem z Las Vegas"
1995 – Kerkorian kupuje udziały w koncernie Chrysler mającym kłopoty finansowe; po 7 latach sprzeda je z trzykrotnym zyskiem
1998 – żeni się po raz trzeci; jego żoną przez... miesiąc jest amerykańska tenisistka Lisa Bonder
2010 – decyduje się wypłacić 10 milionów dolarów córce Lisy Bonder; tenisistka twierdzi, że dziewczynka jest córką Kerkoriana, co okazuje się nieprawdą, jednak Kirk nie zmienia swojej decyzji
15 czerwca 2015 – Kerkorian umiera w swoim domu w Beverly Hills

CIEKAWOSTKI:

- W czasie II wojny światowej Kirk latał bombowcami z Kanady do Szkocji. Brytyjskie Siły Lotnicze (RAF) walczące z Niemcami potrzebowały wówczas pilotów do transportu nowych bombowców z Kanady do Szkocji i płaciły za lot 1000 dolarów. Były to bardzo niebezpieczne misje, wręcz szalone. Trasa z Kanady do Szkocji liczyła 2200 km, a paliwa w samolotach było na 1400 kilometrów. Jak zatem można było dolecieć? Piloci wykorzystywali tzw. islandzką falę, czyli silne wiatry wiejące z zachodu na wschód, które rozpędzały bombowce do ogromnych prędkości. Nie było jednak gwarancji ciągłości tych prądów powietrznych. Gdy wiatr przestawał wiać, samolot mógł spaść do Atlantyku. Kirk w czasie II wojny światowej wykonał trzydzieści trzy takie „szalone loty", a przy jednym z nich był bliski pobicia rekordu prędkości przelotu. Na pokonanie 2200 km potrzebował 7 godzin i 9 minut. Zabrakło mu 25 minut do rekordu J.D. Woolridge'a, swojego dowódcy. Jako bardzo ambitny chłopak długo nie mógł się pogodzić z tym faktem. Nie lubił po prostu przegrywać.

- Kerkorian był trzy razy żonaty. Przez 10 lat był w związku z Hildą Szmidt (lata 1942-1952). Kolejną wybranką jego serca była tancerka

Jean Maree Hardy (lata 1954-1984), z którą miał dwie córki: Tracy i Lindę. Trzecią żoną Kirka była młodsza od niego o 48 lat tenisistka Lisa Bonder. Ich związek trwał zaledwie miesiąc. W 2010 roku Kerkorian zgodził się wypłacić jednorazowo 10 milionów dolarów oraz ustalić rentę po 100 tysięcy dolarów mającej wtedy 12 lat córce Lisy Bonder. Kobieta nigdy nie udowodniła, że Kirk jest ojcem dziewczynki. Co więcej, później przyznała się, że sfałszowała test DNA! To nie zmieniło decyzji Kirka o wypłacaniu pieniędzy domniemanej córce.

CYTATY:

„Ciągle jestem zajęty. Lubię nowe wyzwania".

„Powinieneś zadawać wiele pytań i słuchać ludzi, ale ostatecznie musisz zaufać swojemu instynktowi".

„W głębi serca jestem graczem. To jest moje życie".

„Były czasy, gdy moim celem było 100 000 dolarów. Potem pomyślałem, że osiągnę swoje cele, gdy zarobię milion. Teraz wiem, że nie chodzi o pieniądze".

„Nigdy nie miałem planu na swoje życie. Miałem ogromne szczęście".

„Nie doradzam nikomu, jak być szczęśliwym. Mogę się mylić, a nie chcę nikogo wprowadzać w błąd".

ŹRÓDŁA I INSPIRACJE:

Dial Torgerson, *Kerkorian: An American Success Story*, Dial Press, 1974.

Christina Binkley, *Winner Takes All. The Race to Own Las Vegas*, Hachette Books, 2009.

Kirk Kerkorian, businessman who bet on The Las Vegas Strip, died at 98, „The Washington Post", https://www.washingtonpost.com/business/kirk-kerkorian-self-made-billionaire-who-bet-

-on-the-las-vegas-strip-dies-at-98/2015/06/16/95e65494-6a6f-11e2-95b3-272d604a10a3_story.htm.

Kirk Kerkorian. The businessman who delighted in deal, „Independent UK", http://www.independent.co.uk/news/people/kirk-kerkorian-businessman-who-delighted-in-deal-making-and-made-a-fortune-in-the-gambling-motor-and-10327416.html.

Kirk Kerkorian, „Las Vegas Review Journal", http://www.reviewjournal.com/news/kirk-kerkorian.

❋

Rajmund Albert (Ray) Kroc

(1902-1984)

amerykański przedsiębiorca, założyciel
McDonald's Corporation, filantrop

Na hasło „fast food" większości ludziom od razu staje przed oczami McDonald's. Niezwykła sieć restauracji rozsianych po całym świecie, wszędzie wyglądających tak samo i serwujących to samo. Mało kto wie jednak, że stworzył ją tylko jeden człowiek, wizjoner Ray Kroc. Biznes fastfoodowy uczynił go miliarderem i przyniósł mu miano Króla Hamburgerów. Ale zanim to nastąpiło, na Kroca mówiono całkiem inaczej: Anty-Midas, bo w przeciwieństwie do mitologicznego królowi, każde jego przedsięwzięcie zamieniało się w proch, a nie w złoto. I trwało to wiele, wiele lat.

Ray Kroc przyszedł na świat w podchicagowskiej miejscowości Oak Park. Niewielkiej, ale bardzo znanej, bo mieszkali tam architekt Frank Lloyd Wright, pisarz i noblista Ernest Hemingway, a także... najsłynniejszy gangster świata Al Capone. Jednak rodzice Raya słynni nie byli; wręcz przeciwnie. Zaledwie kilka lat przed jego narodzeniem przyjechali do USA z Czech i żyli bardzo skromnie. Ojciec pracował jako technik w Wester Electric Union, a matka udzielała lekcji gry na pianinie. Ze swojego czeskiego pochodzenia Ray całe życie był bardzo dumny i nieustannie je podkreślał, ale biedny postanowił nie być. To wiedział od najmłodszych lat. Nigdy nie interesowała go nauka w szkole. Chciał mieć biznes! Jego młodszy o trzy lata brat Bob został endokrynologiem, jednak Ray zawsze wolał działanie przynoszące natychmiastową korzyść. Poza tym przyjemność sprawiała mu jedynie nauka gry na fortepianie pod okiem matki.

Zarabiać zaczął już w latach szkolnych. Okazał się oszczędny i konsekwentny. W wakacje pracował w aptece wuja, a każdy zapracowany grosz odkładał. Za te pieniądze otworzył swój pierwszy biznes. Z dwoma kolegami wynajął lokal, który przekształcili w sklep. Sprzedawali w nim nuty i harmonijki. Interes szybko padł, rozpoczynając w życiu Kroca długą serię nietrafionych inwestycji i bankructw, ale przyniósł mu jasność dotyczącą jego własnej przyszłości. Od tej pory z niezachwianą pewnością wiedział, że będzie się zajmował biznesem. I że kiedyś przyniesie mu to miliony.

Przy pierwszej nadarzającej się okazji Ray porzucił szkołę. Wybuchła I wojna światowa. Kroc miał wówczas 14 lat i był za młody, by zasilić szeregi armii, niemniej… trochę lat sobie dodał i został skierowany na kurs dla kierowców karetek Czerwonego Krzyża. Ale zanim został wykwalifikowanym kierowcą, wojna się skończyła. Wrócił więc do Chicago. Zaczął pracę jako sprzedawca wyrobów pasmanteryjnych. Choć zatrudniająca go firma była niewielka i ambitny Ray nie mógł rozwinąć w niej skrzydeł, wiele nauczył się o sprzedaży. To doświadczenie procentowało w całej jego dalszej karierze. Nie został jednak dłużej w tym miejscu. Dość szybko się zwolnił, a następnie zatrudnił jako pianista w popularnej w stanie Michigan orkiestrze. Tam poznał pierwszą żonę.

Po ślubie zaczął szukać bardziej stałego i lepiej płatnego zajęcia. Udzielał lekcji muzyki, sprzedawał pianina i sztućce. Imał się wielu zajęć w różnych branżach, aż w końcu natknął się na firmę Lily Tulip produkującą papierowe kubki. To było to, czego szukał. Intuicja mówiła mu, że te papierowe kubki podbiją świat, a jemu przyniosą bogactwo, mimo że na razie zapotrzebowanie na nie było niewielkie. Zaangażował się w ich sprzedaż całym sercem. Przekonywał klientów, że kubki „są higieniczne i się nie tłuką…". Przez niemal cały dzień wytrwale wędrował. Docierał w najdalsze zakątki Chicago, szukając nowych nabywców. Po południu zaś szedł do radia, w którym pracował jako pianista, i grał na żywo do drugiej w nocy. Znosił to mordercze tempo, bo dzięki niemu mógł żyć na poziomie, o jakim marzył. Nauczył się błyskawicznie regenerować. Wystarczało mu zaledwie kilka godzin snu, by być wypoczętym i gotowym do działania.

Mimo że interes z kubeczkami rozwijał się powoli, Ray coraz bardziej utwierdzał się w wierze w swoje możliwości. Miał zaledwie 23 lata, gdy postanowił spróbować czegoś innego… Całkowicie nowego! Zapakował się do forda T i wyjechał na Florydę uważaną wówczas za miejsce nieograniczonych możliwości, w którym każdy zdeterminowany i pracowity człowiek może osiągnąć sukces. Początkowo wszystko wskazywało na to, że w przypadku Kroca okaże się to prawdą. Znalazł pracę w firmie W.P. Morgan & Son pośredniczącej w handlu nieruchomościami w Fort Lauderdale. Wyszukiwał milionerów zainteresowanych nabyciem posiadłości na Florydzie. Był w tym tak dobry, że firma dała mu do dyspozycji limuzynę wraz z szoferem. Stał się jednym z dwudziestu najlepszych akwizytorów, bo znowu działał z pełną mocą. Wykorzystywał całą zdobytą wcześniej wiedzę i cały czas szlifował nabyte wcześniej umiejętności. Ale już dwa lata później musiał wrócić do Chicago i papierowych kubków. Sen o eldorado prysł. Okazało się bowiem, że tereny, w których sprzedaży pośredniczył, to grunty podmokłe i bagienne, a gdy nagłośniła to prasa, koniunktura się załamała.

Kroc nie stracił jednak ani zapału, ani determinacji, mimo że sprzedaż papierowych kubków nie była tym, o czym marzył. W latach 1927--1937 stopniowo poszerzał zasięg działalności. Docierał ze swoimi produktami na tory wyścigowe, stadiony, kąpieliska, zoo – wszędzie tam, gdzie mógł znaleźć nabywców. Pracował jak zawsze z entuzjazmem i wiarą w sukces. To spowodowało, że zwiększył obroty, a zespół, którym kierował, rozrósł się do piętnastu sprzedawców! Mimo to współpraca z kierownictwem firmy nie układała się pomyślnie. Wzrost obrotów zamiast poprawić, tylko pogarszał jego sytuację w firmie. A to obniżono mu pensję i fundusz na wydatki firmowe, a to krytykowano jego pomysły motywowania ludzi do pracy. Te utarczki studziły jego entuzjazm do pracy. Nie chciał na to pozwolić.

Miał plan na życie i jeśli to, co robił, miało go zniweczyć, rezygnował.

Nie miał zwyczaju zostawać tam, gdzie nie czuł się usatysfakcjonowany. Pewnego dnia rzucił więc papierowy biznes i zainwestował czas, zapał, energię oraz fundusze w całkiem nowy wynalazek – multimikser do mieszania mlecznych koktajli wyposażony w sześć wirujących łopatek. Opatentował go inżynier Earl Prince, założyciel sieci lodziarni o nazwie Prince Castle. Roy poznał go, sprzedając mu kubki Lily Tulip. Teraz stał się wyłącznym przedstawicielem handlowym wynalazku Prince'a. Earl zajmował się produkcją mikserów, a Roy rozprowadzał je w całych Stanach. Zyski dzielili po połowie. Mając 35 lat, zaczął kolejny etap w życiu i jak poprzednio podszedł do niego z zapałem i wiarą w sukces.

Nie był to jednak łatwy chleb. Restauratorzy niechętnie wymieniali tradycyjne miksery na nowe urządzenie. Trzeba ich było długo do tego przekonywać. W dodatku wybuchła wojna i miedź używana do produkcji urządzenia stała się niedostępna. Handel zamarł. Roy zajął się sprzedażą słodzonego mleka w proszku. Jednak po wojnie, gdy w całej Ameryce zaczęły lawinowo powstawać nowe punkty gastronomiczne, interes znów ruszył pełną parą. W 1948 roku Kroc pobił swój własny rekord – sprzedał osiem tysięcy mikserów. Jego entuzjazm i upór w działaniu przynosiły wreszcie efekty. To go jednak nie uspokajało, raczej napędzało do dalszej pracy i szukania nowych pomysłów na rozwój biznesu. Pewnego dnia trafił do lokalu braci McDonaldów w San Bernardino. Kupili aż osiem mikserów. Roy osłupiał. Tyle zwykle sprzedawał przez miesiąc albo i dłużej. Jedno urządzenie potrafiło równocześnie mieszać aż sześć koktajli, wywnioskował więc, że ruch w tej restauracji musi być ogromny. Rozbudziło to ciekawość Kroca i jego wyobraźnię. Chciał wiedzieć, jak to się dzieje, że niektórym nie jest potrzebne nawet jedno takie urządzenie, a w tym miejscu zdecydowano się na zakup ośmiu. Postanowił przyjrzeć się temu fenomenowi. Zaparkował samochód na parkingu przed lokalem i obserwował jego pracę. Zauważył niespotykany gdzie indziej porządek, zdyscyplinowanie pracowników, nienaganną i szybką obsługę. Pomyślał, że to właśnie jest źródło popularności lokalu. Wyobraził sobie takie restauracje przy wszystkich skrzyżowaniach dróg w całym kraju. Ile wówczas mógłby sprzedać mikserów?! Pomysł, choć niesłychanie nowatorski, wydał mu się całkiem realny. Nie miał zwyczaju tracić czasu, więc nie zwlekając, zaproponował braciom McDonaldom interes – utworzenie ogólnokrajowej sieci lokali według istniejącego wzorca. Na początku nie chcieli się zgodzić, w końcu jednak przekonał ich do swojej idei. Miał już konkretny plan, jak wszystko zorganizować.

Jako samouk, odkąd zajął się handlem, interesował się wszystkim, co działo się w tej branży i co mogło mu pomóc w jego własnej działalności. Jeszcze w czasie wojny przeczytał książeczkę wydaną przez Izaaka Singera, w której opisywał on zasady dystrybucji swojego wynalazku – maszyny do szycia – na zasadzie franszyzy. Kroc już wtedy zafascynował się tym pomysłem, ale dopiero teraz przyszło mu do głowy, jak może go wykorzystać. Szybko opracował schemat organizacyjny i standardy funkcjonowania franszyzy McDonald's. Otrzymał od braci koncesję na budowę sieci restauracji na całym obszarze USA, identycznych jak ta pierwsza, z taką samą nazwą. Jednakowe miały być także posiłki i napoje. Umowa szczegółowo przewidywała, jaki procent obrotów każdego lokalu trafi do Kroca. I tak w 1955 roku powstała w Des Plaines na przedmieściach Chicago pierwsza franszyza – początek imperium McDonald's.

Roy miał wówczas 53 lata, a za sobą dwa bankructwa i utratę domu na licytacji. Historia jego karty kredytowej obrosła legendą. Nie mógł kupić budynku, lokalu ani nawet wyposażenia kuchni, bo nie miał takich funduszy, a żaden bank nie dałby mu wówczas tak wysokiego kredytu. To nie było jednak przeszkodą, a wręcz zdopingowało go do jeszcze odważniejszych kroków i dalekosiężnego myślenia. Zamiast kupować na własność, Kroc pożyczał, dzierżawił i brał w leasing. Dzierżawę i pracowników opłacał ze sprzedaży multimikserów, której nie porzucił. Pieniądze, jakie przyniósł mu pierwszy lokal, zainwestował w następne. Już po roku otworzył trzy nowe lokale, a do końca 1956 roku kolejnych osiem. Takie tempo nie byłoby możliwe, gdyby wszystko kupował – musiałby poczekać, aż spłaci jeden kredyt, dopiero potem mógłby wziąć drugi na kolejny lokal… A tak, dzięki franszyzie, restauracje z charakterystycznym logo powstawały jedna po drugiej, zaś Kroc wypłynął na szerokie wody biznesu. W 1961 roku odkupił firmę braci McDonaldów za kwotę 2,7 miliona dolarów. Wyliczył, że będzie spłacać zaciągnięte kredyty przez trzydzieści lat, a tymczasem uregulował wszystkie swoje zobowiązania prawie dwadzieścia lat wcześniej – po jedenastu latach.

Firma rozwijała się fantastycznie. W 1977 roku, kiedy Kroc wydał swoją autobiografię, sieć posiadała już 4177 lokali w Stanach Zjednoczonych i 21 za granicą. Choć to bracia McDonaldowie wymyślili restaurację, dzięki Krocowi stała się ona marką rozpoznawalną na całym świecie. Nie przypisywał jednak sobie całej zasługi. Z dużą skromnością upatrywał przyczyn sukcesu w ludziach, z którymi pracował. Sam obsadzał najważniejsze stanowiska. Skupiał wokół siebie i swojej idei współpracowników, prawników, doradców finansowych. Był przy tym pedantycznym organizatorem, ale i ciepłym, dowcipnym człowiekiem o niezwykłym uroku, optymistą zarażającym swoją pasją innych. Najważniejsza była jego pracowitość. Sam kontrolował dostawców, sieć transportu, chłodnie, zadowolenie klientów. Potrafił o trzeciej nad ranem polecieć do jakiejś dalekiej miejscowości, by sprawdzić, jak radzi sobie restauracja pod jego szyldem, czy ma czyste stoliki i podłogi, umyte okna, usunięte błoto lub śnieg z parkingu. Miał obsesję na punkcie czystości. Rozdawał pracownikom przyborniki z pilnikami do paznokci, szczoteczkami do zębów, grzebieniami, a nawet nożyczkami do obcinania włosów. Zwracał uwagę na pomięte ubrania. W pracy nie tolerował wąsów ani żucia gumy.

Do końca życia był niezwykle aktywny. Nieustannie wyszukiwał miejsca dla nowych restauracji. Podróżował i chodził do biura mimo narastających bólów biodra. Od połowy lat 70. nie uczestniczył już w zarządzaniu firmą, wciąż jednak interesował się najdrobniejszymi elementami jej działania. Z okna swojego biura potrafił obserwować przez lornetkę ruch i tempo obsługi w pobliskiej restauracji. Takie podejście do życia miało jednak swoją cenę. Sukcesy opłacił licznymi chorobami (w tym cukrzycą i artretyzmem, wycięto mu także woreczek żółciowy i część tarczycy), nieudanym życiem rodzinnym i nałogiem.

W ostatnich lata życia często spotykał się ze studentami różnych uczelni, którym przekazywał swoje bogate doświadczenia w biznesie. Zmarł w wieku 81 lat na niewydolność serca. W 1990 roku tygodnik „Time" umieścił go na liście stu najważniejszych Amerykanów XX wieku.

KALENDARIUM:

5 października 1902 – narodziny Raya Kroca
1922-1961 – małżeństwo z Ethel Fleming

1922-1937 – praca dla Lily Tulip
1925-1927 – praca dla W.P. Morgan & Son
1937 – rozpoczęcie sprzedaży multimikserów Earla Prince'a
1955 – pozyskanie licencji na prowadzenie sieci restauracji w systemie McDonald's; otwarcie lokalu w Des Plaines w Illinois; początek korporacji McDonald's
1961 – wykupienie prawa do sytemu i znaku towarowego od braci McDonaldów
1963-1968 – małżeństwo z Jane Dobbins Green
1966 – debiut na Nowojorskiej Giełdzie Papierów Wartościowych (NYSE)
1969 – ślub z Joan Mansfield
1976 – przejście na emeryturę
14 stycznia 1984 – śmierć Roya Kroca w szpitalu San Diego w Kalifornii

CIEKAWOSTKI:

- W Polsce pierwszy McDonald's zaczął działać 17 czerwca 1992 roku w Warszawie. Ulo-

kowano go w szklanym pawilonie przylegającym do nieistniejącego już domu towarowego Sezam na rogu ulic Marszałkowskiej i Świętokrzyskiej. Uroczystość otwarcia uwiecznioną przez kronikę filmową (kroniki takie puszczano dawniej w kinach przed rozpoczęciem seansu) uświetniła obecność znanych osób, takich jak Agnieszka Osiecka, Kazimierz Górski (legendarny trener polskiej reprezentacji w piłce nożnej) czy Jacek Kuroń (ówczesny minister pracy i polityki społecznej), którego skłonił do tego datek firmy na biedne dzieci. Przed lokalem strzeżonym przez dużą grupę ochroniarzy ustawiła się długa kolejka. Do środka początkowo wpuszczano tylko osoby z zaproszeniami.
- W San Bernardino w Kalifornii znajduje się muzeum McDonald's. W tym samym miejscu, w którym w 1948 roku powstała pierwsza restauracja, przy Route 66, pieczołowicie zrekonstruowano wygląd tamtego lokalu. Przed barem zaparkowano nawet chevrolety i cadillaki, popularne wówczas samochody.

- W 1961 roku firma otworzyła Uniwersytet Hamburgera, w którego salach wykładowych uczono odpowiedniego smażenia mięsa i ziemniaków. Już w lutym tego roku pierwszą klasę ukończyło 14 studentów. Od tamtego czasu uniwersytet wyszkolił ponad 80 tysięcy menedżerów, kierowników i innych. Skromna salka z czasem przerodziła się w duże centrum szkoleniowe z własną kadrą naukową, bogatym programem, zapleczem technicznym oraz tysiącami kursantów.
- Dla Kroca najważniejszą sprawą w rozbudowie sieci była jej jednolitość. Każdy lokal miał wyglądać tak samo, kojarzyć się tak samo i serwować to samo. Dotyczyło to nie tylko Stanów Zjednoczonych, ale także lokali powstających poza granicami kraju. W 1967 roku otwarto pierwszą restaurację za granicą, w Richmond w Kanadzie. Zaraz potem takie lokale pojawiły się w Portoryko, Kostaryce, Australii, Japonii oraz Europie. W 1988 roku otwarto pierwszy McDonald's w bloku wschodnim, w Jugosławii, a zaraz potem następny na Węgrzech.

W 1990 roku rozpoczął działalność pierwszy McDonald's w Moskwie.

- Pamięci Kroca poświecono Fundację Ronald McDonald Children Charites, która – po późniejszym połączeniu z programem Domów Ronalda McDonalda i przyjęciu nazwy Ronald McDonald House Charites – stała się jedną z największych na świecie instytucji dobroczynnych działających na rzecz dzieci i młodzieży. Łączna suma udzielonej pomocy osiągnęła wartość kilkuset milionów dolarów.

CYTATY:

„Szczęście jest dywidendą od potu. Im więcej się pocisz, tym szczęśliwszy się stajesz".

„Myśl o rzeczach wielkich, a wielkim się staniesz".

„Świat pełen jest utalentowanych ludzi, którzy nie odnieśli sukcesu".

"Nikt z nas nie jest tak dobry, jak my wszyscy razem".

"Jeśli chcesz zdobyć fortunę, powinieneś być ambitny i niezmordowany. Nie licz na szybkie pieniądze. Licz na to, że będziesz dużo robił, mało zarabiał, ale nauczysz się tyle, że niepotrzebne ci będą żadne szkoły, kursy, studia".

"Naucz się wykorzystywać potencjał ludzi. Dobra perspektywa pracy jest lepsza niż większe pieniądze. Daj im szansę na karierę, a będą pracować wydajnie nawet za minimalne wynagrodzenie. Ale dotrzymuj słowa! Jeśli tylko możesz, awansuj tych, którzy są najlepsi".

"Cały czas szukaj nowych celów. Nawet jeśli jesteś już bogaty, nawet gdy masz ustabilizowaną firmę. Wciąż pytaj, patrz, szukaj, główkuj, co jeszcze innego można zrobić. To znakomicie wpływa na twoją psychikę, ale także zabezpiecza przed nagłą katastrofą".

„Są trzy klucze do sukcesu:
1) być we właściwym miejscu o właściwym czasie,
2) wiedzieć, że tam się jest,
3) zacząć działać".

ŹRÓDŁA I INSPIRACJE:

Rhimer Rigby, *Wielcy świata biznesu*, Wolters Kluwer, 2011.

Johna F. Love, *McDonalds. Historia złotych łuków*, VFP Comunications, 2007.

Radosław Nawrot, *Ray Kroc, człowiek, który dał nam fast foody*, http://www.logo24.pl/Logo24/1,125-389,18248399,Ray_Kroc__czlowiek__ktory_dal_nam_fast_foody.html.

Rafał Fabiński, *Ray Kroc – ojciec chrzestny McDonald's*, http://www.mensview.pl/2015/04/ray-kroc-ojciec-chrzestny-mcdonalds.

Martyna Tymińska, *„Uniwersytet" hamburgera*, http://www.wiadomosci24.pl/artykul/uniwersytet_hamburgera_131603.html.

Jan M. Fijor, *Epitafium dla restauratora*, http://www.fijor.com/epitafium-dla-restauratora.

Wojciech Rudny, *Kroc i jego hamburgerowe imperium*, http://www.racjonalista.pl/kk.php/s,3483.

Biografia Raya Kroca na Wikipedii: https://en.wikipedia.org/wiki/Ray_Kroc.

McDonald's Corporation: http://mcdonalds.pl.

Carl Lindner Jr

(1919-2011)

amerykański przedsiębiorca i filantrop, założyciel American Financial Group Inc. (jednej z największych w USA firm ubezpieczeniowych) oraz innych przedsiębiorstw w wielu branżach

Szkołę porzucił jako 15-latek w czasach Wielkiego Kryzysu, bo musiał pomagać rodzicom. Samodzielną drogę w biznesie rozpoczął w wieku 21 lat od pożyczenia z banku 1200 dolarów na uruchomienie sklepu z nabiałem. Zakończył na 32 miliardach dolarów, bo taką wartość miała założona przez niego gigantyczna instytucja finansowa American Financial Group. Przez pół wieku prowadzenia biznesu był właścicielem albo współwłaścicielem firm w różnych branżach: produkcji żywności, handlu nieruchomościami, finansach, mediach, rozrywce. Był nawet właścicielem klubu bejsbolowego Cincinnati Reds. W biznesie – bezwzględny, w życiu prywatnym – bardzo łagodny i przez wielu uznawany za… nieśmiałego. Głęboko wierzący chrześcijanin, kochający stan Cincinnati, z którego się wywodził. Prowadząc biznes na wielką skalę, zawsze znajdował czas i siły na działalność charytatywną. Trudno zliczyć instytucje, organizacje i osoby prywatne, którym pomógł.

Carl Lindner urodził się w Dayton w stanie Ohio w rodzinie mleczarza. Gdy miał 11 lat, wraz z rodzicami i trójką rodzeństwa przeprowadził się do Cincinnati. Kiedy przez USA przechodziła fala Wielkiego Kryzysu, był jeszcze dzieckiem. Rodzinie Lindnerów, tak jak wielu innym Amerykanom, żyło się w tych czasach bardzo ciężko.

Być może dlatego Carl bardzo wcześnie wykazywał się przedsiębiorczością. Chciał sam zarabiać pieniądze i pracował jako roznosiciel mleka. Przez wiele godzin każdego dnia chodził od drzwi do drzwi i zostawiał pod nimi butelki. Praca ta nie pozwalała mu kontynuować nauki w trybie dziennym, dlatego zdecydował wraz z rodzicami, że pójdzie do szkoły wieczorowej. Przez jakiś czas próbował łączyć naukę z pracą. Gdy miał 15 lat, zmuszony był jednak rzucić naukę, aby pomagać ojcu w sklepie z produktami mlecznymi.

W 1940 roku Carl, który od kilku lat zaangażowany był w branżę mleczarską i pilnie obserwował ten rynek, wpadł na pomysł założenia małego sklepiku z wyrobami mlecznymi, a właściwie dyskontu. Idea była prosta – sprzedawać mleko i nabiał w niskich cenach. Produkty kupowałby bezpośrednio od rolników lub producentów, co pozwoliłoby mu na ominięcie pośredników, których marże podwyższały cenę końcową. Dzięki niskim cenom mógł myśleć o pokonaniu konkurencji. 21-letni Carl, pewny powodzenia swojego projektu, pożyczył w miejscowym banku 1200 dolarów na uruchomienie działalności. Wraz z rodzeństwem (Carl miał dwóch braci i siostrę) systematycznie rozwijał biznes, otwierając kolejne sklepy z nabiałem w Cincinnati. Ludzie, którzy znali Lindnerów mówili: „Ta czwórka pracuje dniami i nocami". Tytaniczna praca się opłaciła. W ciągu 20 lat otworzyli kilkadziesiąt placówek, tworząc sieć pod nazwą United Dairy Farmers. W połowie lat 60. liczyła ona 100 sklepów, a do końca XX wieku ta liczba została podwojona! Na handlu nabiałem Carl zarabiał swoje pierwsze poważne pieniądze, lecz nie chciał na tym poprzestawać. Równolegle wszedł w biznes nieruchomości, który, jak się okazało, znakomicie się uzupełniał z interesem mleczarskim. W jaki sposób? Carl wyszukiwał grunty w atrakcyjnych miejscach Cincinnati i w okolicznych miastach, kupował je, a następnie stawiał na nich swoje sklepy. „On ma szósty zmysł do handlu nieruchomościami" – mówili o nim inni brokerzy i bankowcy.

W połowie lat 50. Lindner miał tyle nieruchomości, że zainteresowali się nim najwięksi gracze na tym rynku, którzy chcieli, aby dla nich pracował. W ten sposób wszedł do zarządu Central

Trust Bank. To był początek jego kariery w sektorze finansów. Cały czas pracował i uczył się zasad rynku inwestycji finansowych, który był dla niego zupełną nowością. Jako człowiek czynu i samodzielny przedsiębiorca postanowił po kilku latach pracy w Central Trust Bank, że zakupi trzy niewielkie firmy pożyczkowe. W nich, prowadząc interesy na własną rękę, szlifował swoje umiejętności i dalej zgłębiał branżę. Dokładnie obserwował rynek i analizował potencjał poszczególnych firm. Planował ogromną inwestycję: zakup udziałów w dużej instytucji finansowej w Cincinnati. Wybór padł na Cincinnati Provident Bank. Biznesmen w 1966 roku kupił za 18 milionów dolarów akcje tego banku. W 2004 roku odsprzedał swoje udziały za ponad dwa miliardy! Jak widać, opłacało się poczekać blisko 40 lat na taki zysk. Do tego potrzebna była przede wszystkim cierpliwość, której wielu przedsiębiorcom brakuje.

W latach 70. i 80. Lindner rozwijał swoje imperium zgodnie z zasadą dywersyfikacji przychodów. Przejmował firmy w przeróżnych branżach. Konkurenci złośliwie nazywali go „wilkiem w owczej skórze". A ten wilk potrafił polować na świetne okazje biznesowe. W latach 80. wyspecjalizował się w kupowaniu tak zwanych akcji śmieciowych, wypuszczanych przez firmy mające kłopoty finansowe w celu podreperowania swojego budżetu. Był wtedy jednym z największych inwestorów tego typu w USA. Podejmował ryzykowne decyzje, które najczęściej się opłacały i przynosiły mu spory zarobek.

Od czasu do czasu zdarzały mu się jednak gorsze lata. Tak było w 1992 roku, kiedy stracił ponad 700 milionów dolarów. Musiał sprzedać swoje udziały w kilku przedsiębiorstwach. Nie należał jednak do ludzi, którzy długo by rozpamiętywali takie sytuacje. Nie traktował ich jak porażki, lecz jako informacje zwrotne, że coś powinien zmienić w swoim działaniu. Analizował sytuacje i wyciągał wnioski na przyszłość. Uczył się, jak nie popełniać błędów. Ta nauka pozwoliła mu przewidzieć krach rynku obligacji śmieciowych i wycofać się w odpowiednim czasie.

Bezwzględny w biznesie, w życiu prywatnym

był tego przeciwieństwem – spokojny, życzliwy, delikatny, a nawet nieśmiały. Był patriotą. Kochał Cincinnati i mieszkańców swojego stanu. Mimo że prowadził rozliczne biznesy, nie szczędził sił i czasu, aby uczestniczyć w życiu lokalnej społeczności. Stworzył kilkadziesiąt tysięcy miejsc pracy, lokując centrale wszystkich swoich firm w Cincinnati. Wspierał finansowo miejscowe placówki oświatowe, kulturalne oraz organizacje społeczne. Był osobą wierzącą i religijną. Należał do zboru baptystów. Jego religijność miała swoje odbicie w codziennym życiu. Zawsze stosował się do zasady: kochaj swojego bliźniego jak siebie samego. Tak też odnosił się do ludzi, których spotykał w życiu. Zawsze był pełen wyrozumiałości, co zaskarbiało mu przyjaźń wielu kontrahentów i lojalność podwładnych. Do legendy przeszły jego imprezy z okazji świąt Bożego Narodzenia organizowane dla pracowników, podczas których każdy otrzymywał prezenty. Lindner, pomimo że prowadził wiele biznesów i był powszechnie znany ze swojej działalności dobroczynnej, do końca życia pozostał człowiekiem skrytym i bardzo ceniącym swoją prywatność. Uwielbiał spędzać czas z najbliższymi: żoną Edyth, która pomagała mu przy organizacji wszelkiego rodzaju przedsięwzięć charytatywnych, i trzema synami: Kaithem, Craigiem, Carlem Lindnerem III. Wszystkich synom zapewnił wyższe wykształcenie, którego jemu nie dane było zdobyć oraz wprowadził ich do rodzinnego biznesu.

Oprócz cech, które charakteryzują ludzi przedsiębiorczych – uporu, pracowitości, wiary we własne siły i pomysły, innowacyjności – Carla Lindnera bardzo dobrze określały jeszcze dwie inne: optymizm i cierpliwość. Pogodnym usposobieniem zarażał wszystkich. Cierpliwości mogliby się od niego uczyć tybetańscy mnisi. Potrafił czekać wiele, wiele lat, aby osiągnąć zyski ze swoich inwestycji. Tak było na przykład z inwestowaniem w udziały w instytucjach finansowych. Miał rzadką umiejętność dostrzegania szans tam, gdzie nie widzieli ich inni. Inwestował i zarabiał między innymi na nieruchomościach, które brokerzy omijali szerokim łukiem. Prywatnie znany był z umiejętności motywowania ludzi poprzez wręczanie im białych karteczek z wydrukowanymi sentencjami motywacyjnymi. Na działalność charytatywną dla instytucji, organizacji społecznych i osób prywatnych przeznaczał każdego roku miliony dolarów. Nie znaczy to jednak, że rozdawał pieniądze na prawo i lewo. Zawsze zbierał dokładne informacje o instytucji lub osobie, którą chciał wesprzeć. Jednym z jego powiedzeń było: „Bardzo chętnie pomagam, lecz muszę wiedzieć, dokąd wędrują moje pieniądze". Swoją misję rozumiał jako dawanie możliwości rozwoju ludziom, którzy takiej szansy z różnych względów nie otrzymali. Wypełniał ją do końca swojego długiego, bo 92-letniego życia. Zmarł w 2011 roku w szpitalu w Cincinnati w otoczeniu rodziny.

KALENDARIUM:

22 kwietnia 1919 – narodziny Carla Lindnera w Dayton w stanie Ohio
1930 – przeprowadzka z rodziną do Cincinnati

1940 – otwarcie sklepu z produktami mlecznymi, który dał początek ogromnej sieci United Dairy Farmers

lata 40. – Carl wchodzi na rynek nieruchomości i dokonuje mnóstwa udanych transakcji zakupu działek i budynków

1942 – żeni się z Ruth Wiggerlingloh; po 7 latach para rozwodzi się; nie mają dzieci

1951 – ślub z Edyth Bailey, która da mu trzech synów

1952 – narodziny syna Keith'a

1955 – będąc czołowym pośrednikiem nieruchomości w Cincinnati, otrzymuje pracę w Central Trust Bank – tak zaczyna się jego kariera w bankowości

1956 – na świat przychodzi Craig, drugi syn

1958 – rodzina świętuje narodziny trzeciego syna Carla Lindnera III

1959 – Carl wraz z braćmi kupuje trzy firmy zajmujące się udzielaniem pożyczek; dają one początek finansowemu gigantowi ubezpieczeniowemu American Financial Group Inc.

1966 – za 18 mln dolarów Lindner kupuje udziały w Provident Bank of Cincinnati; sprzeda je po blisko 40 latach, w 2004 roku, za ponad 2 mld dolarów!

lata 70. i 80. – czas inwestycji w kilka firm w różnych branżach: finansowej, handlowej, medialnej, produkcyjnej

1989 – imperium Lindnera przeżywa trudne chwile; biznesmen musi sprzedać swoje udziały w kilku firmach, m.in. w studiu produkcji kreskówek Hannah Barbera

1995 – otrzymuje Międzynarodową Nagrodę Pokojową przyznaną mu przez Jewish National Fund za działalność charytatywną

1999 – kupuje pakiet kontrolny Cincinnati Reds, drużyny bejsbolowej; zarządza klubem przez 5 lat

2003 – Lindner wycofuje się z działalności biznesowej; kierownictwo w poszczególnych firmach przejmują jego synowie; on sam wraz z żoną poświęcają się działalności dobroczynnej

17 października 2011 – Carl Lindner umiera w wieku 92 lat w szpitalu w Cincinnati w otoczeniu najbliższych

CIEKAWOSTKI:

- Rola edukacji w życiu człowieka była szczególnie bliska sercu Lindnera. Przede wszystkim dlatego, że sam nie miał wyższego wykształcenia. W swojej działalności charytatywnej szczególnie upodobał sobie finansowanie szans edukacyjnych młodym ludziom pochodzącym z biednych rodzin, których nie stać było na posłanie swoich dzieci na studia. Finansował również inwestycje mające na celu polepszenie bazy dydaktycznej amerykańskich uczelni wyższych. W ramach podziękowań otrzymał między innymi tytuł doktora nauk handlowych od Uniwersytetu w Cincinnati
- Carl Lindner miał nietypowy sposób wyrażania myśli, którymi kierował się w życiu i moty-

wował innych. Nosił przy sobie małe karteczki, na których miał wydrukowane swoje złote sentencje. Gdy kogoś spotykał i chciał mu którąś z tych myśli zaprezentować, wręczał mu po prostu karteczkę z takim na przykład przemyśleniem: „Pieniądze są środkiem wymiany, z którego należy mądrze korzystać", albo: „Bardzo chętnie pomagam, lecz muszę wiedzieć, dokąd wędrują moje pieniądze". Carl był wielkim amerykańskim patriotą, dlatego na jednej z jego karteczek znalazła się i taka myśl: „Boże, tylko w Ameryce jestem szczęśliwy".

- Jako młody człowiek Carl jeździł na randki z dziewczynami autem dostawczym. Większość jego kolegów miała wtedy samochody osobowe, a wiadomo, że auto ma duże znaczenie dla młodych chłopaków. Wtedy Lindner obiecał sobie, że kiedyś kupi samochód osobowy i to nie byle jaki, bo rolls royce'a! Kilkadziesiąt lat później można było go zobaczyć na ulicach Cincinnati, gdy dostojnie przemierzał miasto swoim kabrioletem marki Rolls Royce z opuszczonym dachem.

- Carl był człowiekiem bardzo skromnym, żeby nie powiedzieć – outsiderem. Nigdy nie próbował dostać się do śmietanki towarzyskiej Cincinnati. Nie należał też nigdy do żadnego tamtejszego klubu biznesu. Był bardzo pracowity. Jak sam mówił, pracował około 80 godzin tygodniowo! Wolny czas, o ile go miał, spędzał przede wszystkim z rodziną. Miał trzech synów i wiedział, jak ważny jest dla nich ojciec. Wszyscy trzej po ukończeniu studiów rozpoczęli pracę w rodzinnym biznesie.
- Gdy Carl otworzył swój pierwszy sklep z nabiałem w Cincinnati przy Montgomery Road, zarobił pierwszego dnia 8 dolarów i 28 centów! W pierwszych tygodniach sprzedaż była nadal bardzo kiepska. Nie zniechęciło go to, tylko zmobilizowało do dalszej pracy. Wraz z rodzeństwem, pracując dosłownie dniami i nocami, stworzył wielką sieć sklepów znaną pod nazwą United Dairy Farmers, zatrudniającą ponad 2300 osób i mającą ponad 200 placówek w Cincinnati i kilku sąsiednich stanach.

- Lindner prowadził zdrowy styl życia. Nidy nie palił papierosów, nie pił alkoholu. Był człowiekiem o łagodnym usposobieniu, a nawet dość nieśmiałym jak na człowieka, który odnosił tak wielkie sukcesy w biznesie.

CYTATY:

„Moje hobby to praca. Uwielbiam to".

„Pracuję 80 godzin tygodniowo. Muszę trzymać kurs".

ŹRÓDŁA I INSPIRACJE:

Wspomnienie o Carlu Lindnerze na stronie Kongresu USA: https://www.congress.gov/congressional-record/2011/10/19/senate-section/article/S6758-2.
Sylwetka Carla Lindnera w internetowym wydaniu „New York Times": http://www.nytimes.com/

2011/10/19/business/carl-h-lindner-jr-founder--of-american-financial-dies-at-92.html.

Carl Lindner Jr., Cincinnati Business Courier, http://www.bizjournals.com/cincinnati/news/2011/10/18/carl-lindner-jr-1919-2011.html?page=all.

Marcus Loew

(1870-1927)

amerykański potentat finansowy
i pionier przemysłu filmowego
w Stanach Zjednoczonych,
założyciel jednej z największych wytwórni
filmowych Metro-Goldwyn-Mayer,
twórca sieci kin Loew's Theatres

Marcus Loew przyszedł na świat 7 maja 1870 roku w Nowym Jorku w ubogiej rodzinie żydowskiej. Jego ojciec Herman był kelnerem i kilka lat przed narodzinami Marcusa wyemigrował z Wiednia do Stanów Zjednoczonych. Tu ożenił się z młodą niemiecką wdową Idą Sichel, która była już matką dwóch chłopców. Herman i Ida

Loew mieli trójkę wspólnych dzieci: oprócz Marcusa jeszcze córkę Fanny i syna Henrego.

Rodzina Marcusa mieszkała w Lower East Side zwanej Małymi Niemcy (Kleindeutschland lub Deutschländle), położonej w południowo--wschodniej części Manhattanu wśród niemieckiej i żydowskiej społeczności imigrantów. Dla małego chłopca ta społeczność była przedłużeniem domu. Rodzice chcieli zapewnić chłopcu chociaż podstawowe wykształcenie i religijne wychowanie. Niestety, zła sytuacja materialna rodziny sprawiła, że w wieku sześciu lat Marcus musiał podjąć pracę. Przed pójściem do szkoły sprzedawał gazety i cytrusy. Czasami nocował na ulicy, by być pierwszym, który dotrze do klienta. W 1879 roku w wieku dziewięciu lat rzucił szkołę oraz dotychczasowe zajęcie. Zatrudnił się w drukarni i za 35 centów (równowartość 8 dolarów w 2010 roku) pracował po 10 godzin dziennie przez sześć dni w tygodniu, wyjmując mapy spod pras drukarskich. Praca, którą wykonywał, była prosta, ale pozwalała mu poznawać tajniki zawodu drukarza. Marcus szybko się uczył, obserwował i wyciągał wnioski. Zaczął marzyć o tym, by wykorzystać umiejętności, które posiadł. Postanowił, że zacznie pracować na własny rachunek i otworzy własną drukarnię. Brakowało mu jednak odpowiedniego sprzętu. Chociaż miał zaledwie dziesięć lat, był zdeterminowany i odważny. To były cechy, dzięki którym udało mu się przekonać człowieka posiadającego ręczną prasę do drukowania, aby wspólnie wydawać reklamy właścicieli lokalnych sklepików. Pomysł okazał się trafiony i tak powstał tygodnik „*East Side Advertiser*". Szybko udało im się osiągnąć tygodniowy zysk w wysokości prawie 12 dolarów. Niestety, ich spółka mimo sukcesu finansowego rozpadła się, gdy żona jego partnera biznesowego zażądała większego udziału w zyskach dla swojego męża.

Kolejne prace, które podjął Marcus, były kiepsko opłacane i nie dawały mu ani satysfakcji, ani możliwości rozwoju. W wieku 12 lat zatrudnił się w fabryce futer na Manhattanie, gdzie wykonywał podrzędne prace za małe pieniądze. Gdy skończył 18 lat, ponownie postanowił spróbować własnych sił w biznesie. Miał wystarczająco dużo wiedzy, a jeszcze więcej determinacji. Otworzył firmę zajmującą się pośrednictwem w sprzedaży i kupnie futer. Zainwestował w tę firmę wszystkie oszczędności: 63 dolary. Przecenił jednak swoje możliwości, bo nie wziął pod uwagę, że handel futrami charakteryzuje się sezonowością. Po roku zbankrutował. Zatrudnił się więc jako ekspedient w innej firmie futrzarskiej. Zarabiał już jednak 100 dolarów tygodniowo i w ciągu kilku lat udało mu się spłacić wierzycieli.

To był czas dużych zmian w jego życiu osobistym. Zakochał się w Caroline Rosenheim i 4 marca 1894 roku ożenił się z nią. Wcześniej jednak, by zapewnić byt przyszłej rodzinie, założył znowu własną firmę futrzarską. Ponownie nie dopisało mu szczęście. Tym razem do bankructwa doprowadził krach finansowy, który trwał od 1893 roku do połowy 1894 roku. Szybko więc musiał znaleźć sobie nową pracę. Tym razem trafił doskonale. Zatrudnił się jako sprzedawca u prawdziwego mistrza. Był nim Herman

Baehr, niemiecki imigrant, który doskonale znał się na kuśnierstwie, wiedział, gdzie kupić najlepsze skóry, jak je wyprawić i co z nich uszyć. Za to Loew okazał się świetnym kupcem i menedżerem firmy. Doświadczenie i umiejętności jakie zdobył, gdy wydawał tygodnik z reklamami, procentowały w obecnej firmie. Podróżował po wschodnim i środkowym wybrzeżu Stanów Zjednoczonych i sprzedawał wyroby ze skór i futer. Skupił całą swoją energię na tym, co potrafił robić najlepiej i to szybko przyniosło widoczny efekt. W krótkim czasie fabryczka znajdująca się na poddaszu Union Square na Manhattanie stała się znaną firmą Baehr & Loew.

W 1897 roku 27-letni Loew, od 15 lat związany z branżą futrzarską, zaczął szukać innych możliwości biznesowych. On i Caroline byli teraz rodzicami bliźniaków Davida i Arthura i chociaż należeli już do zamożniejszej części społeczeństwa, Loew czuł potrzebę zapewnienia rodzinie większego bezpieczeństwa finansowego. Poza tym od dziecka pragnął mieć własne przedsiębiorstwo i dążył do pełnej niezależności.

W 1899 roku spółka Baehr & Loew zainwestowała niewielką część zysków w nieruchomości. Podczas inspekcji jednego ze swoich budynków przy West 111th Street Loew poznał znanego aktora Davida Warfielda. Ta przypadkowa znajomość przerodziła się w przyjaźń, która przetrwała do końca życia Loewa. Jednak to dopiero Adolph Zukor, człowiek związany również z branżą futrzarską, którego Marcus poznał w Chicago podczas swoich podróży biznesowych, zmienił jego życie i wprowadził go do kinematografii.

Zukor wszedł do branży filmowej w 1903 roku, gdy wraz z innymi przedsiębiorcami związanymi z handlem futrami założył Automatic Vaudeville Company obsługujące *penny arcade* – zwykłe szafy sklepowe z automatami wrzutowymi oferującymi rozrywkę w postaci ruchomych obrazów. Urządzenie działało po wrzuceniu monety, a w jego wnętrzu pod zamontowanym w pokrywie okularem przesuwała się taśma filmowa. Kilkuminutowe filmiki oglądano na stojąco, tak jak w fotoplastykonie.

Zukor zaproponował Loewowi inwestycję w Automatic Vaudeville Company. Początkowo Loew nie okazał specjalnego zainteresowania tego typu działalnością i ulokował w firmie kolegi tylko niewielką część swoich pieniędzy. Jednak, gdy okazało się, że inwestycja przyniosła znaczące zyski, Loew zobaczył w tym swoją szansę na realizację dziecięcych marzeń, których nigdy nie porzucił. Postanowił założyć własną firmę People's Vaudeville Company. Wymagało to jednak zdobycia większych środków finansowych niż te, które posiadał. Dotychczasowe doświadczenia pozwoliły mu przygotować plan sfinansowania przedsięwzięcia. Był odważny i konsekwentny. Wiedział już, że inwestycje wymagają odpowiedniego finansowania, a ewentualne długi można spłacić w dość krótkim czasie, jeżeli jest się pracowitym i odpowiedzialnym. Pieniądze pożyczył od swej owdowiałej matki i od Morrisa Druckera, znajomego kupca z Manhattanu. Namówił też Baehra i Warfielda, aby wycofali swoje udziały z Automatic Vaudeville Company i zainwestowali je u niego. Nie wpłynęło to jednak na relacje między Loewem i Zukorem. Pozostali przyjaciółmi, bo Nowy Jork był na tyle duży, że nie stanowili dla siebie konkurencji.

Loew szybko nauczył się poruszać w nowej branży. Jego umiejętności handlowe, zdolności przewidywania i bystrość obserwacji sprawiły, że biznes się rozwijał. W styczniu 1905 roku Loew wynajął wolne pomieszczenia przy 172 East 23rd Street i zainstalował w nich swoje *penny arcade*. Zafascynowany popularnością krótkich filmów dynamicznie rozszerzał działalność. Skupił się na zakupie tanich lokali w starych budynkach, w których czynsz był niski. Dzięki temu mógł otwierać kolejne *penny arcade* i nie ponosić nadmiernych kosztów.

Loew do swoich *penny arcade* wprowadzał kolejne formy rozrywki. Przykładem było tak zwane *scenic tours*. Sale urządzano jak wnętrze wagonu kolejowego, a na ekranie wyświetlano filmy z pięknymi krajobrazami. Siedzący w środku ludzie mogli poczuć się, jakby rzeczywiście podróżowali: nie tylko oglądali przesuwające się widoki, lecz także słyszeli stukot kół i gwizd lokomotywy, a siedzenia kołysały się jak w czasie podróży pociągiem.

Początkowo Loew swój biznes prowadził przede wszystkim w Nowym Jorku, jednak wkrótce przejął istniejące już *penny arcade* w centrum Cincinnati (w stanie Ohio) na Fountain Square. A kiedy dowiedział się, że w Covington w Kentucky pojawił się nowy rodzaj rozrywki, zaciekawiony natychmiast tam pojechał. Intuicja mu podpowiadała, że to może być przydatne w jego rozwijającym się biznesie. Właściciel tamtejszego pasażu wynajął projektor filmowy, kilka krótkich filmów i wyświetlał je za 5 centów za seans. Te pierwsze kina zwane nikielodeonami (*nickel* to moneta pięciocentowa i zarazem cena biletu) cieszyły się ogromną popularnością. Były to krótkie produkcje komediowe lub melodramaty z podkładem muzycznym granym na żywo. Tak zaczęła się era kina niemego. Loew postanowił wprowadzić te filmy również do swoich centrów rozrywki. Pierwszy swój nikielodeon założył w Cincinnati, a po spektakularnym sukcesie zaczął zakładać następne w Nowym Jorku. Znów wykazał się odwagą, umiejętnością przewidywania i dynamicznością działań. Teraz było to tym łatwiejsze, że wiedział już wystarczająco dużo na temat działalności biznesowej, by móc szybciej dostrzegać zagrożenia i omijać przeszkody.

Loew znakomicie orientował się w koniunkturze na rynku i potrafił ją wykorzystać. Nowa rozrywka swoją oryginalnością porwała znaczną część społeczeństwa, ale to nie była jedyna zewnętrzna przyczyna jego sukcesu. W latach 1900--1910 do Ameryki przyjechało za chlebem około 10 milionów Europejczyków, którzy w większości nie mówili po angielsku. Loew szybko dostrzegł w tej grupie imigrantów (głównie robotników) ogromną rzeszę potencjalnych klientów. Tanie nieme filmy niewymagające znajomości języka stały się dla nich idealną rozrywką. *Penny arcady*, nikielodeony, *scenic tours* przyciągały tłumy i zapewniły Loewowi stały strumień dochodów.

W 1910 roku Loew był właścicielem lub dzierżawcą teatrów we wszystkich dzielnicach Nowego Jorku. Współpracował z wieloma ważnymi osobami związanymi z filmem i rozrywką, był członkiem kilku spółek i stowarzyszeń rozrywkowych. W 1912 roku Loew posiadał już sieć ponad 400 kin w USA i nie poprzestawał na tym. Sieć nikielodeonów nie satysfakcjonowała Marcusa w pełni, chciał docierać także do zamożniejszej części społeczeństwa. Zaczął przejmować teatry, które widzom oferowały również wodewile i filmy, ale mogli oni obejrzeć je w znacznie lepszych warunkach. Już w 1907 roku Loew kupił zniszczony budynek teatru wystawiającego wodewile w centrum Brooklynu zwany Watson's Cozy Corner. Odnowił go, wstawił 2000 foteli i przemianował na Theater Royal. Wnętrze przypominało pałac. Dzięki wspaniałemu wystrojowi mógł podnieść ceny biletów. W pierwszym roku działalności (1908) Theatre Royal osiągnął zysk szacowany na 60 tysięcy dolarów.

Chociaż Loew i Zukor prowadzili odrębne przedsięwzięcia, a ich drogi często się krzyżowały, potrafili współpracować i nigdy nie rywalizowali ze sobą. Zukor skupił się na produkcji i dystrybucji filmów, a Loew najlepiej czuł się jako właściciel zarządzający ogromną siecią teatrów będących jednocześnie ekskluzywnymi kinami. W październiku 1910 roku Loew otworzył National Theater w Bronksie, który przez pewien czas był jego „flagowym" teatrem – w tamtym czasie był największym, najnowocześniejszym i bardzo wytwornym miejscem tego typu. Dzięki temu zaczęli go odwiedzać przedstawiciele klasy średniej i zamożni mieszkańcy Nowego Jorku.

W październiku 1919 roku otwarto na Broadwayu luksusowy Capitol Theatre z 4000 miejsc, zaprojektowany przez znanego architekta Thomasa Lamba. Loew kupił go w 1924 roku i sprawił, że Capitol stał się wizytówką jego luksusowych kin. Po 1924 roku odbywały się tu premiery większości filmów MGM.

Stany Zjednoczone bardzo szybko uległy magii kinematografii. Loew był człowiekiem przewidującym, bystrym obserwatorem i chociaż uważał, że „ludzie kupują bilety do kina, a nie filmy", uznał, że powinien mieć wpływ na ich produkcję.

Loew jeszcze raz zmienił strukturę swojej firmy, przekształcając ją w Loew's Incorporated.

Aby rozszerzyć obszar swoich wpływów, pożyczył 9,5 miliona dolarów i wypuścił na rynek akcje. Dzięki temu był w stanie kupić wytwórnię filmową Metro Pictures Corporation. Metro znane było z produkcji filmów niskobudżetowych klasy B. *Jakość i ilość produkowanych filmów nie zadawalały Loewa.* Zaczął się nawet zastanawiać, czy produkcja filmów była warta zawracania sobie nią głowy. Uważał, że „właściciele sal kinowych mogą sobie pozwolić na zapłacenie dużych pieniędzy za dobre filmy i wszystko, co jest związane z ich produkcją, ale nie mogą płacić za ekstrawagancję, marnotrawstwo i małą wydajność producentów". Rozważał sprzedaż Metro Pictures, jednak gdy w 1924 roku podczas zimowego wypoczynku w Palm Beach na Florydzie spotkał Franka Goldsola, który zaproponował mu kupno Goldwyn Pictures Corporation, zmienił zdanie. Postanowił kupić wytwórnię i połączyć z Metro Pictures.

Loew nie znał się na produkcji filmów i nie był zainteresowany poznawaniem tajników sztuki filmowej. Wolał pozostawić to fachowcom. Za to doskonale znał się na zarządzaniu i wiedział, że bez silnego kierownictwa połączone wytwórnie filmowe nie będą przynosiły zysku. Skupił się na znalezieniu odpowiedniego człowieka znającego się na produkcji filmów i będącego dobrym menedżerem. Przypomniał sobie spotkanie z niezależnym producentem filmowym Luisem B. Mayerem, który z powodzeniem działał w Los Angeles, kręcąc od kilku lat niskobudżetowe melodramaty. Wiedział też, że Mayer wcześniej był jednym z założycieli Metro Pictures, znał więc tę wytwórnię. Po tygodniach negocjacji udało mu się przekonać Mayera i doprowadzić do połączenia trzech wytwórni w jedną. W taki oto sposób 17 kwietnia 1924 roku powstało Metro--Goldwyn-Mayer (MGM). Jak się później okazało, było to genialne posunięcie biznesowe. Dzięki temu Loew Inc. zapewniło sobie stały dostęp do najlepszych filmów, które mogły być prezentowane w ogromnej ilości kin stanowiących własność Marcusa. Loew wraz ze swym zaufanym partnerem Nicholasem Schenckiem zdecydował się zostać w Nowym Jorku, a Mayer został powołany na wiceprezesa i dyrektora generalnego studia produkcyjnego w Culver City w Kalifornii. Chociaż MGM zarządzał Mayer, to Loew nakreślił nowy kierunek działania wytwórni. Miała ona skupić się na jakości filmów i zatrudnieniu największych gwiazd kina niemego, które przyciągną widzów do kin.

Ponadto Loew zastosował w Loew Inc. wprowadzony przez Zukora świetny trik handlowy. Właściciel kina mógł kupić film z wybranym przez siebie aktorem jedynie z pakietem innych filmów z jego wytwórni. Stało się to standardem w branży filmowej.

Jednocześnie Loew kontynuował rozszerzanie swoich wpływów w całych Stanach Zjednoczonych i za granicą, zwłaszcza w Wielkiej Brytanii, Francji i RPA. Zainteresował się również kolejną nowinką w branży rozrywkowej, jaką było radio. W 1923 roku Loew Inc. kupiło małą stację radiową w Queens i przeniosło ją do State Building na Manhattanie, zapewniając sobie w ten sposób darmową reklamę dla swoich teatrów. Pojawienie się filmu dźwiękowego *The Jazz Singer* wyprodukowanego przez konkurencyjną firmę

Warner Brothers w 1927 roku zmusiło Loewa do wprowadzenia dźwięku w swoich studiach filmowych i modernizacji sal kinowych.

Od czasu utworzenia Metro-Goldwyn-Mayer Loew był postrzegany jako magnat przemysłu filmowego. Jego reputacja i prestiż przyniosły mu szacunek w branży filmowej. W jego działaniach widać elastyczność w podejściu do sytuacji i ludzi, przekraczanie i łamanie utartych zasad, ale zawsze z zachowaniem norm etycznych, bez czynienia szkody innym. Starał się unikać konfliktów i nigdy nie prowadził otwartej walki z konkurencją. Mimo to zawsze z ogromną determinacją dążył do celu, a wszystkie jego działania były głęboko przemyślane. Od pracowników wymagał lojalności i długich godzin pracy. Mimo to większość ludzi, których zatrudnił, pozostawała w firmie przez cały okres swojej aktywności zawodowej.

Braki w edukacji nadrabiał ambicją, jednak do końca życia pozostał człowiekiem skromnym i gdy w 1926 roku został zaproszony do Harvardu, aby wygłosić wykład, powiedział: „Nie mogę się doczekać, by przekazać wam, jak wielkie wrażenie robi na mnie to, że mogłem przybyć do tak wspaniałego miejsca jak wasz college i wygłosić tu wykład. Miejsca, które mogłem do tej pory oglądać tylko z zewnątrz".

Loew uważany jest za wzór amerykańskiego biznesmena, gdyż jego kariera zawodowa stanowiła kwintesencję amerykańskiego snu. Dobrobyt i bogactwo, których się dorobił, były owocami jego ciężkiej pracy i determinacji. Nie posiadał wykształcenia, uczył się, pracując w różnych firmach, obserwując i poznając innych przedsiębiorców. Był modelowym samoukiem. To jego cechy charakteru, takie jak pracowitość, odwaga, siła woli, konsekwencja w dążeniu do celu, entuzjazm i wizjonerstwo, doprowadziły go do sukcesu i niebywałego majątku. Imperium rozrywki, które stworzył, powstało w zadziwiający sposób. Zajął się bowiem nie produktem, a sposobem jego rozpowszechnienia. To nie filmy, lecz sieć kin i teatrów stała się podstawą jego spektakularnego sukcesu. Robert Sobel w swojej książce *The Entrepreneurs: Explorations Within the American Business Tradition* rozdział poświęcony Marcusowi Loewowi zatytułował: „Artysta mimo woli". Loew bowiem na trwale zapisał się w historii kinematografii, chociaż ani nie był artystą, ani nie interesował się filmem bardziej niż przeciętny widz. Film był dla niego swego rodzaju towarem niezbędnym dla działalności jego przedsiębiorstwa Loew Inc. Tak jak doskonale zarządzał swoimi nieruchomościami, tak też umiał precyzyjnie sformułować swoje oczekiwania co do filmów, które chciał oferować klientom.

Zawał serca w 1923 roku zmusił Loewa do częściowego wycofania się z działalności. Zmarł w 1927 roku w wieku 57 lat.

Przedstawiciele branży filmowej zawsze wspominali Marcusa Loewa ciepło i z szacunkiem. 19 października 1927 roku tygodnik „Variety" opublikował artykuł będący hołdem dla Marcusa. Pod nagłówkiem „Ku pamięci" ukazały się teksty licznych celebrytów od Ala Jolsona po Gretę Garbo. Louis B. Mayer napisał, że przyjaźń z Loewem była dla niego jedną z najcenniejszych rzeczy w życiu. Dodał, że „geniusz, odwaga i dar przewidywania cechujące przyjaciela czyniły z niego wspaniałego przywódcę, a miłość, którą darzył rodzinę i przyjaciół przydawała jego osobowości wyjątkowego ciepła". Co godne uwagi, Loew cieszył się również uznaniem wśród swoich konkurentów z branży filmowej. W pamiątkowym numerze „First National Pictures Inc." znalazła się wypowiedź zawierająca pochwałę Loewa jako człowieka, który nigdy nie pozwolił, by władza, jaką zdobył, była dla niego powodem do pychy, i który był zawsze uczciwy wobec siebie i innych. Co więcej: „był dobrym, prawdziwym i prawym człowiekiem, a jego zasług dla przemysłu filmowego nie da się przecenić". W dowód szacunku wszystkie konkurujące z Loew Inc. teatry i kina na znak żałoby zostały na godzinę zamknięte.

KALENDARIUM:

7 maja 1870 – narodziny Marcusa Loewa w Nowym Jorku
1876 – pierwsza praca: roznoszenie prasy
1879 – porzucenie szkoły i pracy

1879-1880 – praca w drukarni

1880 – Marcus drukuje (ze wspólnikiem) tygodnik „East Side Advertiser"

1881 – praca w sklepie z męską odzieżą

1882-1889 – praca w fabryce futer

1888-1889 – własna działalność: broker futer; bankructwo

1889-1893 – praca w firmie futrzarskiej na stanowisku sprzedawcy

4 marca 1894 – ślub z Caroline Rozenheim

1893-1894 – firma handlująca futrami, bankructwo

1895-1910 – praca u kuśnierza Hermana Baehra; powstanie firmy Baeher & Loew

5 października 1897 – narodziny synów Davida i Arthura

1899 – firma Baeher & Loew inwestuje w nieruchomości

1899-1900 – Loew poznaje aktora Davida Warfielda oraz handlowca Adolpha Zukora z Chicago

1903 – Zukor zakłada Automatic Vaudeville Company, otwiera działalność *penny arcade* i proponuje Loewowi, by zainwestował również swoje pieniądze

1904 – Loew otwiera własną firmę z *penny arcade*

14 listopada 1904 – założenie firmy People's Vaudeville Company

1904-1905 – Marcus kupuje lokale przy 172 East 23rd Street, 125 Street i Lenox Avenue, a także w Cincinnati w Ohio; otwiera w nich *penny arcade* oraz nikielodeony

1907-1908 – kupuje zniszczony budynek teatru wystawiającego wodewile w centrum Brooklynu zwany Watson's Cozy Corner, odnawia go i przemianowuje na Theatre Royal

1909 – namawia braci Josepha i Nicholasa Schencków, aby dołączyli do jego imperium rozrywki

1909 – podpisuje kontrakt z braćmi Lee i Jacobem Schubertami, producentami wodewili, na obsługę dwóch swoich teatrów w Nowym Jorku

1910 – Loew jest właścicielem lub dzierżawcą teatrów we wszystkich pięciu dzielnicach Nowego Jorku; konsoliduje wszystkie swoje przedsiębiorstwa pod firmą Loew's Consolidated

1914 – kupuje Sullivan & Considine Theatrical Syndicate; staje się właścicielem około 30 teatrów na środkowym zachodzie i na zachodnim wybrzeżu USA

1915 – zawiera umowę z Samuelem Rachmannem z Berlina na zakup niemieckich filmów i wodewili, które mają być prezentowane w Stanach Zjednoczonych, podczas gdy amerykańskie produkcje mają być pokazywane w Niemczech i w Austro-Węgrzech; wybuch I wojny światowej uniemożliwia realizację tych planów

1919 – restrukturyzacja firmy i przekształcenie jej w Loew's Incorporated; rozszerzenie wpływów w Mildwest – kupno Ackerman & Harris, sieci 18 kin na zachodnim wybrzeżu

1920 – kupno wytwórni filmowej Metro Pictures Corporation

29 sierpnia 1921 – Loew otwiera na Broadwayu przy 45th Street kino na 3200 miejsc, przenosi też tam biura Loew's Incorporated

1923 – kupuje małą stację radiową w Queens

1924 – kupuje Capitol Theatre

1924 – kupuje wytwórnię filmową Goldwyn Pictures Corporation
1924 – jedzie do Włoch na plan filmu *Ben-Hur*
17 kwietnia 1924 – powstaje Metro-Goldwyn-Mayer (MGM)
1927 – Loew wprowadza udźwiękowienie w swoich studiach filmowych
5 września 1927 – śmierć Marcusa Loewa w Glen Cove w Nowym Jorku; zostaje pochowany na cmentarzu Majmonides w Brooklynie

CIEKAWOSTKI:

- Pierwszy nikielodeon otwarto w 1905 roku w amerykańskim Pittsburghu.
- Hollywood zostało założone przez Harveya Hendersona Wilcoxa, który w 1886 roku wykupił 160 akrów ziemi i 1 lutego 1887 roku zarejestrował nazwę Hollywood dla nowo powstałego i zaprojektowanego przez niego miasta. Nazwa została zaproponowana przez żonę Wilcoxa Daeidę, a nie pochodzi – jak się powszechnie

uważa – od nazwy krzewów, które bez powodzenia próbowano zaszczepić na okolicznych wzgórzach (*English holly* – ostrokrzew).
- Pierwsze studio filmowe w Hollywood to Nestor Studio założone w 1911 roku przez producentów Ala Christiego i Davida Horsleya. W latach dwudziestych powstało tam 5 wielkich wytwórni: Fox (później 20th Century Fox), Loew's Incorporated (później Metro-Goldwyn-Mayer), Paramount Pictures, RKO (Radio-Keith-Orpheum) i Warner Bros., działających zarówno jako producenci filmowi, jak i dystrybutorzy i właściciele kin
- *Ben Hur* – najdroższy film kina niemego powstał w Metro-Goldwyn-Mayer w 1925 roku.
- Loew nie interesował się produkcją filmów i nigdy nie postawił stopy w Hollywood.
- Loew był człowiekiem przesądnym, nigdy nie podpisał żadnej umowy i niczego nie rozpoczynał w piątek.
- Marcus Loew ma swoją gwiazdę w hollywoodzkiej Alei Sław za znaczący wkład w rozwój przemysłu filmowego.

- W 1927 roku osobisty majątek Loewa miał wartość ponad 30 milionów dolarów.
- Logo/czołówka wytwórni Metro-Goldwyn--Mayer zaprojektowane zostało dla studia Goldwyn Pictures w 1917 roku. Jest to lew umieszczony w okręgu utworzonym z taśmy filmowej, na której zapisano sentencję łacińską *Art Gratia Artis* (Sztuka dla sztuki). Łącznie do projektu zaangażowano pięć lwów, a pomocniczo wykorzystano wizerunek jeszcze dwóch. Pierwszy lew wabił się Slats i jego wizerunek był wykorzystywany w latach 1924-1928. Slats jest jedynym lwem w logo MGM, który nie ryczy a jedynie rozgląda się wokół.
- W słynnym serialu rysunkowym *Tom i Jerry* Metro-Goldwyn-Mayer sparodiowała swoje logo – ryczącego lwa przez chwilę zastępuje miauczący Tom.
- Pierwszy z prawdziwego zdarzenia zwiastun filmowy pojawił się w 1913 r. Kidy Nils Granlund – kierownik działu reklamy sieci kin Marcusa Loewa – wyprodukował krótki film

promocyjny do musicalu *The Pleasure Seekers*, który został wyświetlony w Winter Garden Theatre na Broodwayu. Trailer składał się ze zdjęć z prób i innych wydarzeń związanych z produkcją filmu. Od tego momentu Loew przyjął praktykę promowania swoich filmów za pomocą krótkich materiałów filmowych. „Daily Star", gazeta z Lincoln w Nebrasce, opisała to jako całkowicie nowy i wyjątkowy chwyt marketingowy.

- Obaj synowie Loewa Arthur i David pracowali w firmie ojca. Arthur zajmował się dystrybucją filmów zagranicą (jako prezes Loew's International), a po połączeniu w MGM pracował z ojcem w Loew's Incorporated. Po odejściu Schencka (14 grudnia 1955 roku) został wybrany na prezesa firmy, ale pełnił tę funkcję tylko do 8 stycznia 1957 roku (sam zrezygnował). Jeszcze raz na krótko wrócił na stanowisko prezesa, aby 20 listopada 1957 roku ostatecznie zrezygnować z prezesowania Loew's Incorporated. David natomiast opuścił firmę ojca w połowie 1930 roku i stał się

niezależnym producentem, zakładając David L. Loew Productions.
- Syn Loewa Arthur poślubił córkę Zukora Mildred.
- Loew i Zukor znajdowali się w Chicago, gdy dowiedzieli się o narodzinach wnuka (26 grudnia 1925 roku). Ruszyli pociągiem do Nowego Jorku, zakładając się, kto pierwszy dotrze do szpitala. Loew jeszcze ogolił się przed tą wizytą, a Zukor nie i być może dlatego był pierwszy.

CYTATY:

„Aby osiągnąć duży sukces, musisz go potrzebować i się nie poddawać" (alternatywna wersja: „Aby osiągnąć prawdziwy sukces, trzeba tego chcieć i wszystko temu podporządkować").

„Ludzie kupują bilety do kina, a nie filmy".

„Dawno temu dotarło do mnie, że miernikiem sukcesu nie są pieniądze. W konfrontacji z rzeczywistością człowiekiem sukcesu jest ten, kto świat zmienia na lepszy, a ludzi na choć trochę szczęśliwszych".

ŹRÓDŁA I INSPIRACJE

A Documentary on the Life of Marcus Loew, https://www.youtube.com/watch?v=oW2F7z2WxEU.

Caso Frank, *Marcus Loew (1870-1927)*, http://www.immigrantentrepreneurship.org/entry.php?rec=88.

Bosley Crowther, *The Lion's Share: The Story of an Entertainment Empire*, Ams Pr Inc., 1957.

Peter Hay, Woolsey Ackerman, *MGM-When the Lion Roars*, Turner Publishing Inc., 1981.

Biografia Marcusa Loewa na portalu IMDB: http://www.imdb.com/name/nm0517343/bio.

Biografia Marcusa Loewa w Wikipedii: https://en.wikipedia.org/wiki/Marcus_Loew.

Marcus Loews Facts, http://biography.yourdictionary.com/marcus-loew.

Judy Riley, *Marcus Loew 66 Success Facts – Every-*

thing you need to know about Marcus Loew, Emereeo Publiishing, 2014.

Robert Sobel, *The Entrepreneurs: Explorations within the American Business Tradition*, Beard Books, 2000.

The Film 100: Marcus Loew, no. 41, https://www.fandor.com/keyframe/the-film-100-marcus-loew--no-41.

Konosuke Matsushita

(1894-1989)

japoński konstruktor, wynalazca i biznesmen,
twórca marki Panasonic

Konosuke Matsushita nie jest tak znaną postacią jak Henry Ford czy Saichiro Honda, ponieważ nie firmował swoich produktów własnym nazwiskiem. Ale marka Panasonic, którą stworzył, dotarła do domów na całym świecie, a filozofia jej twórcy ukształtowała sposób pracy Japończyków na całe pokolenia.

Konosuke urodził się w małej japońskiej wsi jako najmłodszy z ośmiorga rodzeństwa. Gdy miał zaledwie kilka lat, jego ojciec stracił rodzinny majątek, prowadząc spekulacje na rynku ryżu. Rodzina popadła w skrajną biedę. Rodzice nie czekali, aż dziewięcioletni Konosuke skończy obowiązkowe cztery lata szkoły podstawowej. Wysłali go do pracy w najbliższym mieście – Osace. Gdy chłopiec pytał, czemu nie może kontynuować nauki, jego ojciec mówił, że to niepotrzebne, bo jak będzie wielkim biznesmenem, to zatrudni u siebie wykształconych ludzi. Konosuke zrozumiał, że w takim razie musi uczynić wszystko, by zostać tym „wielkim biznesmenem".

Już od pierwszych lat jako młody asystent w sklepie bardzo przykładał się do pracy, odpowiedzialnie zarządzał własnymi finansami i próbował swoich sił w sprzedaży. Był przekonany, że swoją przyszłość zwiąże z rowerami, bo wydawało mu się, że nie ma nic innego, co by tak bardzo poprawiało życie ludzi. Zmienił jednak zdanie, gdy po raz pierwszy zobaczył w Osace tramwaj elektryczny. Pojął, że to elektryczność ma moc zmieniania świata i zapragnął nauczyć się o niej wszystkiego. W tym celu musiał dokonać ważnej zmiany. Porzucił pracę w sklepie i zatrudnił się w firmie zakładającej instalacje elektryczne – Osaka Electric Light Company. Mimo że regularnie chorował, pracował ciężej niż jego koledzy z zespołu. Dołożył też starań, by wieczorowo przejść podstawowy kurs nauk ścisłych. Bardzo chciał uczyć się dalej, ale za słabo znał japońskie pismo i nie był w stanie nadążyć z robieniem notatek. Uznał też, że ważniejsza od wiedzy teoretycznej będzie wiedza praktyczna.

W wieku 22 lat awansował na stanowisko inspektora. Był pracowity i dokładny. Sprawdzanie instalacji szło mu szybko i sprawnie – zazwyczaj już przed południem zdążał wykonać wszystkie wyznaczone zadania. Chciał jednak robić coś bardziej rozwijającego i twórczego. Marzył, by projektować nowe urządzenia elektryczne. Realizował to marzenie po pracy. Jedną z pierwszych wymyślonych przez niego konstrukcji był nowy model oprawki do żarówki – tańszy i bardziej wytrzymały od tego, który był powszechnie stosowany. Był dumny ze swojego wynalazku, gdyż w jego powstanie włożył całą swoją wiedzę, umiejętność niebanalnego myślenia i wiele godzin pracy. Gdy jednak pokazał swój model przełożonemu, ten nie był zachwycony. Odrzucił go, mówiąc, że nie jest dość dobry, by wdrożyć go w Osaka Electric.

Konosuke czuł się zawiedziony. Nie zniechęcił się jednak. Wręcz przeciwnie. Uznał, że czas uniezależnić się od pracodawcy. Wierzył w siebie i był pewny, że to co wymyślił, ma wartość rynkową, dlatego postanowił zająć się produkcją na własną rękę. Otworzył własny warsztat, w którym zaczął wytwarzać pierwsze urządzenia elektryczne, korzystając z pomocy żony i szwagra. Tak narodziła się firma Matsushita Electric.

Szybko przekonał się, że od stworzenia produktu do zbudowania firmy wiedzie daleka droga. Nie miał rozległych kontaktów, nie znał się na sprzedaży ani zarządzaniu, więc produkty, które wytwarzał, zalegały w magazynie. Był bliski bankructwa. Uratował go przypadek – nadspodziewanie duże zamówienie na płytki izolacyjne do wentylatorów. To pozwoliło mu funkcjonować aż do chwili, kiedy zaczął sprzedawać własne produkty.

Konosuke starał się jak najlepiej wykorzystać zdobyte wcześniej doświadczenia. Wyciągał wnioski z obserwacji zachowań klientów. Zauważył, że dla mieszkańców Osaki sprzęt elektryczny był dobrem luksusowym. Kupowali wyłącznie to, co rzeczywiście ułatwiało im życie, na przykład lampy pozwalające pracować po zmroku czy pralki oszczędzające czas. Zrozumiał, że powinien dostarczyć im produkty dokładnie odpowiadające ich rzeczywistym potrzebom, a jednocześnie tańsze i bardziej wytrzymałe od tych, które już były na rynku. Pierwszym małym sukcesem okazały się rozgałęziacze prądu. Niezbędne niemal dla każdego, bo mieszkania w Osace miały zazwyczaj tylko jedno gniazdko, a sprzętu elektrycznego było coraz więcej.

Matsushita nieustannie wprowadzał innowacje nie tylko w produkcji, lecz także w sprzedaży. Zdawał sobie sprawę, że zewnętrzni handlowcy podchodzą sceptycznie do wielu wynalazków. Gdy więc hurtownicy nie wykazali zainteresowania jego nowym modelem lampy rowerowej, wysłał darmowe egzemplarze prosto do sprzedawców rowerów, by mogli się przekonać o ich dobrej jakości. To był znakomity pomysł. Lampy stały się hitem, a mieszkańcy Osaki zaczęli ich używać nie tylko do rowerów, ale nawet do oświetlania mieszkań.

Warsztat z miesiąca na miesiąc rozwijał się, a Konosuke opracowywał kolejne produkty i zatrudniał kolejnych ludzi do produkcji. Martwił się jednak, bo wielu pracowników rzucało pracę w jego małym warsztacie na rzecz stabilniejszego zatrudnienia w dużych fabrykach. Matsushita szukał sposobów na to, by utrzymać pracowników przy sobie i marzył o tym, by móc im obiecać dożywotnie zatrudnienie. Na razie jednak mógł im zaoferować szacunek, zaufanie i poczucie przynależności do zespołu. Okazało się, że to bardzo dużo.

Chwila próby dla Matsushita Electric nastała, gdy w latach 30. światem wstrząsnął wielki kryzys. Sprzedaż spadła o połowę, w magazynach zalegały niesprzedane towary, a przyjaciele doradzali Konosuke, by zmniejszył liczbę pracowników. Widzieli w tym jedyną możliwość ocalenia firmy. On jednak bardzo cenił swoich ludzi. Uparł się, by nie zwolnić ani jednego człowieka i nie obniżyć nikomu pensji. Zamiast tego nakazał zredukować o połowę produkcję i wezwał wszystkich zatrudnionych do pomocy przy sprzedaży towarów. Ci rozumieli powagę sytuacji, a że im też zależało na utrzymaniu firmy, z entuzjazmem zaangażowali się w sprzedaż. Towary z magazynów zostały wyprzedane w ciągu dwóch miesięcy. Konosuke utwierdził się w przekonaniu, że jego diagnoza była trafna: biznes to przede wszystkim ludzie.

Konosuke rozwijał swoją firmę i jednocześnie pracował nad swoją filozofią pracy. Wiele czasu spędzał w świątyni, rozmyślając o tym, jak religia służy niwelowaniu cierpienia i dążeniu do szczęścia. Był człowiekiem pełnym empatii i ta sama idea przyświecała mu w prowadzeniu biznesu. Widział, że jego produkty ułatwiają życie ludziom, którzy wcześniej nie mogli sobie pozwolić na elektryczne gadżety: lampa rowerowa pozwalała przemieszczać się bezpiecznie po zmroku, rozgałęziacz pozwalał korzystać w mieszkaniu jednocześnie z lampy i wentylatora, a niebawem w produkcji miało się pojawić pierwsze tanie żelazko i radio. Konosuke kupował patenty i zmieniał konstrukcje urządzeń tak, by produkcja była jak najtańsza, a produkt był dostępny dla jak najszerszego grona ludzi. Umożliwiając wszystkim ludziom dostęp do urządzeń poprawiających życie, chciał doprowadzić do całkowitej eliminacji biedy w kraju. To stało się jego głównym celem. Był przekonany, że da się to osiągnąć, ale na realizację tego planu potrzeba 250 lat.

W 1932 roku zwołał pracowników, by przedstawić im tę wizję, a także podstawowe zasady, którymi powinien kierować się każdy z nich. Na pierwszych miejscach stawiał służbę społeczeństwu, uczciwość i solidarność z zespołem. Było dla niego ważne, by każdy, nawet szeregowy pracownik rozumiał, że służy większej sprawie. A żeby robić to dobrze, niezależnie od tego, jak firma się rozrośnie, każdy powinien zachować nastawienie drobnego sprzedawcy – takiego, któremu zależy na zaufaniu klientów, który jest wdzięczny za udaną współpracę, oszczędny i pełen pokory. Sam każdego dnia starał się dawać przykład takiej postawy. Pracownicy przyjęli jego wizję z wielkim entuzjazmem.

W czasie II wojny światowej Matsushita Electric była zmuszona zająć się produkcją dla wojska. Gdy Japonia się poddała i kontrolę nad jej gospodarką przejęli alianci, na firmę nałożono kary finansowe, a sam Konosuke został wezwany do ustąpienia ze stanowiska. Wówczas pracownicy firmy wstawili się murem za swoim szefem. Aż 15 tysięcy z nich podpisało petycję, w której domagali się pozostawienia Matsushity. To był wielki sukces. Alianci pozwolili Konosuke dalej piastować dotychczasową funkcję, a on sam przekonał się, że może liczyć na swoich ludzi tak samo, jak oni mogli na niego liczyć przez te wszystkie lata. Po wojnie Konosuke znów zagłębił się w refleksje nad tym, co zrobić, by jego kraj mógł odbudować zniszczoną gospodarkę i na nowo cieszyć się dobrobytem. Pojął, że tworzenie firm, które dają ludziom dobre produkty, to tylko jeden element układanki. W 1946 roku Konosuke założył instytut PHP, którego zadaniem miało być zbadanie, jakie czynniki składają się na budowę szczęśliwego społeczeństwa. Wnioski pojawiły się szybko: aby biznes i społeczeństwo mogły się rozwijać, konieczne jest wsparcie ze strony polityki. Potrzeba jednak lat na znalezienie sposobu, by w mądry sposób móc wywierać na nią wpływ.

Wojna i stale zmieniające się warunki gospodarcze uzmysłowiły mu też, że wielkie plany budowania firmy i dobrobytu w kraju nie są realne, jeśli nie uwzględni się w nich zarządzania ryzykiem. W latach 60. Matsushita ogłosił swoim pracownikom koncepcję *dam management* – zarządzania zaporowego. Powiedział, że tak jak ludzie budują na rzekach zapory i zbiorniki retencyjne, by gromadzić nadmiar wody podczas powodzi i wypuszczać podczas suszy, tak w biznesie trzeba tworzyć zapory i rezerwy – w każdym dziale produkcyjnym i na każdym szczeblu – dzięki którym przetrwa się kryzysy i zastoje gospodarcze. Mimo, że była to koncepcja trudna do przyjęcia, Matsushita uznał, że jest to niezbędne do przetrwania. Dwa lata później w Japonii nastał czas recesji, dekadę później wielki kryzys paliwowy, a na początku lat 90. japoński kryzys gospodarczy. Dzięki temu, że Konosuke spodziewał się tych kryzysów, jego firma mogła przez cały ten czas stabilnie się rozwijać, nie ponosząc większych strat. W latach 70., gdy inne firmy walczyły o przetrwanie, produkty Matsushity zdobywały popularność na rynku amerykańskim pod nowo przyjętą marką Panasonic. Kierując się odkrytą na początku działalności zasadą, by dostarczać produkt tańszy i bardziej wytrzymały od tego, który już jest na rynku, Matsushita zaczął konkurować z największymi amerykańskimi producentami elektroniki.

W 1973 roku po przepracowaniu 55 lat Konosuke postanowił ustąpić z funkcji szefa firmy. Nie odstąpił jednak od swojej misji służenia ludziom. Zainwestował swoją fortunę w założenie Matsushita Institute of Government and Management – szkołę wyższą, której zadaniem miało być wykształcenie nowego pokolenia polityków zdolnych do mądrego kierowania krajem.

Umarł w wieku 94 lat, pozostawiwszy po sobie firmę zarabiającą miliardy dolarów rocznie. Ważniejsze było jednak, że na bazie własnych doświadczeń i przemyśleń, mimo braku formalnego wykształcenia, zbudował filozofię pracy, która na pierwszym miejscu stawia potrzeby ludzi. Zawsze podkreślał, że pieniądze są jedynie środkiem do celu, zaś celem jest służenie ludziom. Spisał swoją wiedzę w ponad 40 książkach o zarządzaniu. Podkreślał w nich między innymi, że przedsiębiorca powinien utrzymywać stan umysłu zwany *sunao*, w którym człowiek bez uprzedzeń patrzy na to, co jest, a nie na to, co mu się wydaje. Konosuke udowodnił, że człowiek, który zna swoje możliwości, z pokorą przyjmuje krytykę i jest przygotowany, że szczęście nie zawsze będzie mu sprzyjać, może zrealizować nawet najśmielsze marzenia.

KALENDARIUM:

1894 – rodzi się Konosuke Matsushita w wiosce Wakayama niedaleko Osaki w Japonii
1895 – kończy się wojna chińsko-japońska i nastaje boom gospodarczy; japońscy rolnicy zaczy-

nają się szybko bogacić, prowadząc spekulacje na handlu ryżem; bierze w tym udział też ojciec Konosuke

1899 – ojciec Konosuke traci cały rodzinny majątek, rodzina popada w biedę, a trójka starszego rodzeństwa Konosuke umiera na choroby zakaźne

1904 – Konosuke rozpoczyna pracę jako pomocnik w sklepie w Osace

1910 – 15-letni Konosuke rozpoczyna pracę w Osaka Electric Light Company jako członek ekipy zakładającej instalacje elektryczne

1913 – Konosuke przechodzi roczny podstawowy kurs nauk ścisłych: algebry, fizyki i chemii

1915 – ślub z przyjaciółką rodziny Mumeno Iue; jest to aranżowane małżeństwo, co jest powszechnym zwyczajem w owym czasie w Japonii

1916 – Konosuke zostaje inspektorem instalacji elektrycznych w Osaka Electric Light Company

1918 – porzuca pracę w Osaka Electric Light Company i zakłada własny warsztat – powstaje firma Matsushita Electric (Matsushita Electric Housewares Manufacturing Works)

1927 – Konosuke rejestruje oficjalnie markę National

1932 – Konosuke oficjalnie ogłasza misję firmy i plan jej realizacja przez kolejne 250 lat; 5 maja 1932 roku zostaje ustanowiony oficjalnym dniem powstania firmy, mimo że działa ona już od 13 lat

1935 – firma oficjalnie przyjmuje nazwę Matsushita Electric Industrial Co.

1941 – firma Matsushita Electric jest zmuszona współpracować z wojskiem – powstają firmy-córki: Matsushita Shipbuilding Company oraz Matsushita Airplane Company; podczas wojny Matsushita traci 32 budynki, fabryki i biura, głównie w Tokio i Osace

1946 – poruszony ogromnymi stratami, jakie Japonia poniosła w czasie wojny, Konosuke zakłada organizację PHP (Peace and Happiness trough Prosperity), której zadaniem ma być poszukiwanie sposobów na stabilny i pozbawiony cierpienia rozwój ludzkości; instytut PHP działa do dziś

1952 – rozpoczęcie współpracy z holenderską firmą Philips

1947 – przekonany petycją pracowników Naczelny Dowódca Sił Alianckich wydaje pozwolenie, by Konosuke pozostał na stanowisku Matsushita Electric

1961 – japońska gospodarka rozwija się w niespotykanym wcześniej tempie; Konosuke przewiduje, że niebawem musi nastąpić czas recesji i zarządza przygotowywanie firmy do kryzysu

1961 – telewizory produkcji Matsushita Electric pojawiają się na rynku amerykańskim po raz pierwszy pod marką Panasonic

1962 – Matsushita pojawia się na okładce magazynu Time

1964 – w Japonii nastaje czas recesji; Konosuke zwołuje konferencję, na której przez 14 godzin słucha zażaleń pracowników i kontrahentów, analizuje je i zarządza wprowadzenie kolejnych reform w firmie – proponuje wprowadzenie systemu zarządzania ryzykiem

1965 – wprowadzenie 5-dniowego tygodnia pracy

1973 – z okazji 55. rocznicy pracy Konosuke ustępuje ze stanowiska szefa firmy

1974 – kryzys paliwowy uderza w gospodarkę na całym świecie

1978 – Konosuke przeznacza 7 miliardów jenów na założenie Matsushita Institute of Government and Management

1983 – otwarcie Kyoto Colloquium on Global Change

1987 – Konosuke otrzymuje Order Kwiatów Paulowni – drugi pod względem ważności order przyznawany przez rząd Japonii

1989 – Konosuke umiera, zostawiając fortunę ponad 3 mld dolarów

2008 – koncern zmienia nazwę na Panasonic Corporation

CIEKAWOSTKI:

- W 1909 roku Japończycy uważali elektryczność za coś niezwykle niebezpiecznego, co może w każdej chwili zabić człowieka, dlatego

ludzie pracujący przy instalacjach elektrycznych byli darzeni wielkim szacunkiem.
- Konosuke wymyślił nazwę National dla swoich produktów, nie znając angielskiego. Natrafił na to słowo przypadkiem i przeczytał, że oznacza ono coś powiązanego z krajem lub narodem, uznał więc, że to doskonale opisuje jego produkty.
- Wojska Aliantów, które przejęły władzę w Japonii, miały na celu odbudowanie na nowo gospodarki w modelu zachodnim. Aby to osiągnąć, wprowadzono między innymi związki zawodowe i delegalizację *zaibatsu*, czyli rodzinnych, prowadzonych od pokoleń biznesów, które de facto utrzymywały monopol w poszczególnych branżach. Wojska chciały odsunąć Konosuke ze stanowiska pod pozorem walki z *zaibatsu*, mimo że jego firma nie kwalifikowała się do tej kategorii.
- Konosuke zapoczątkował w Japonii ideę dożywotniego zatrudnienia.
- Pierwszy nabór do Matsushita Institute of Government and Management miał miejsce

w 1980 roku. W 1993 roku 23 absolwentów wystartowało w wyborach, z czego 15 dostało się do parlamentu.

O FIRMIE PANASONIC:

Dochody: 7,7 biliona jenów (2015)
Zysk z działalności operacyjnej: 325,8 miliarda jenów (2015)
Zysk netto: 179,4 miliarda jenów (2015)
Aktywa ogółem: 6 bilionów jenów (2015)
Razem kapitał własny: 1,8 biliona jenów (2015)
Pracownicy: 254 084 (2015)

7 ZASAD DZIAŁANIA FIRMY WEDŁUG MISJI OGŁOSZONEJ W 1932 ROKU:

1. Służenie społeczeństwu (Contribution to society).
2. Uczciwość i szczerość (Fairness and Honesty).

3. Współpraca i poczucie przynależności do zespołu (Cooperation and Team Spirit).
4. Ciągłe dążenie do innowacji (Untiring effort for Improvement).
5. Uprzejmość i skromność (Courtesy and Humility).
6. Przystosowywanie się (Adaptability).
7. Wdzięczność (Gratitude).

MYŚL NA PODSTAWIE ŻYCIORYSU:

Biznes to przede wszystkim ludzie. Zbuduj solidarność i zaufanie w swoim zespole i dbaj o swoich pracowników.

CYTATY:

„Misją wytwórcy jest pokonanie biedy, uwolnienie całego społeczeństwa z tragedii biedy i przynoszenie bogactwa. Biznes i produkcja nie służą jedynie wzbogacaniu sklepów czy fabryk danego przedsiębiorstwa, ale całego społeczeństwa".

„Zadaniem ucznia nie jest znalezienie kogoś, kto dobrze uczy, tylko kogoś, kto dobrze zna się na swoim fachu".

„Usługi posprzedażowe są ważniejsze od usług przed sprzedażą. To dzięki nim zyskuje się stałych klientow".

„Wierzę, że najważniejszym obowiązkiem wytwórcy wobec klienta jest dostarczenie produktu bez defektów".

„Nikt nie starzeje się wyłącznie przez liczbę lat; ludzie starzeją się, gdy porzucają swoje ideały".

„Kluczową rzeczą konieczną do prosperowania jest struktura społeczna, która pozwala ludziom w pełni rozwijać ich osobiste talenty i możliwości".

ŹRÓDŁA I INSPIRACJE:

http://konosuke-matsushita.com/en/.
http://matsushita-library.jp/en/history/index.html.
Biografia na głównej stronie firmy Panasonic: http://www.panasonic.com/global/corporate/history/konosuke-matsushita.html.
Biografia na głównej stronie instytutu PHP: http://www.php.co.jp/en/think.php#05.
Konosuke Matsushita, *The Path*, 1968.
Konosuke Matsushita, *Business is People*, 1974.
Konosuke Matsushita, *Not for bread alone*, 1973.
John Kotter, *Matsushita Leadership*, Free Press, 1997.
Krótkometrażowy dokument o życiu Konosuke Matsushita: https://www.youtube.com/watch?v=9O-EvoTV_wIc.

Werner Arthur Arnold Otto

(1909-2011)

niemiecki biznesmen, twórca
popularnej firmy wysyłkowej OTTO,
charyzmatyczny przedsiębiorca
i wielki społecznik

Werner Otto urodził się 13 sierpnia 1909 roku w małym miasteczku Seelow w Brandenburgii, niedaleko granicy polskiej. Jego ojciec Wilhelm Otto był właścicielem sklepu spożywczego; matka Frieda zmarła w 1910 roku, krótko po urodzeniu córki Elli. Po okresie żałoby ojciec ożenił się ponownie z Marie Gertrud Roquette z Prenzlau. Z tego związku urodziło się troje dzieci: bliźnięta Hans i Margarete w 1914 roku i dwa lata później córka Elisabeth. Rodzina przeniosła się do Prenzlau.

Ojciec Wernera był człowiekiem łagodnym, któremu jednak brakowało cech prawdziwego przedsiębiorcy. Odpowiedzialność za rodzinę sprawiała, że był ostrożny i bał się ryzyka. Nastoletni Werner wolał spędzać wakacje u krewnych swojej matki, w gospodarstwie wuja Arnolda Mühlbacha. Codzienny kontakt ze zwierzętami i przyrodą rozbudziły w nim miłość do natury, która towarzyszyła mu do końca życia. Postawa wuja, który prowadził swoje gospodarstwo z wielkim oddaniem i bardzo cenił sobie własną niezależność, uzmysłowiła mu, że w przyszłości musi wybrać taki zawód, który da mu samodzielność.

I wojna światowa zakończyła się klęską Niemiec, gospodarka kraju weszła w trudne lata kryzysu, a ogromna inflacja przyczyniła się do upadku wielu firm i przedsiębiorstw. Sklep spożywczy ojca zbankrutował i Werner musiał porzucić edukację na krótko przed ukończeniem gimnazjum, gdyż jego rodziny nie było stać na opłacenie szkoły. W tym czasie próbował swoich sił jako pisarz. Inspirowała go twórczość Balzaka i Hamsuna. Napisał dwie powieści, ale szybko porzucił młodzieńczą fascynację literaturą i w wieku 17 lat rozpoczął trzyletnią praktykę handlową w Angermündzie. Pierwszą samodzielną pracę podjął w Stettin, czyli w Szczecinie, gdzie otworzył mały sklep. Trudna sytuacja polityczna i społeczna i kryzys lat 20. ukształtowały postawę Wernera jako przedsiębiorcy. Był bystrym i uważnym obserwatorem, rozumiał, że może polegać tylko na sobie. Zauważył, że aby stworzyć własny biznes, który będzie istniał i rozwijał się, musi mieć poczucie celu, skupić się na kliencie i być elastycznym w prowadzeniu strategii biznesowych. W tym czasie wybrał też swoją dewizę życiową, słynną myśl Heraklita: *panta rhei* (wszystko płynie), która towarzyszyła mu we wszelkich przedsięwzięciach i dawała siłę do działania.

W 1934 roku Werner Otto, który wówczas prowadził dobrze prosperujący sklep z wyrobami tytoniowymi w pobliżu Alexanderplatz w Berlinie, został aresztowany. Znaleziono u niego antyhitlerowskie ulotki przemycane z Czech do Niemiec i skazano na dwa lata więzienia w Plotzensee. Po uwolnieniu Otto przeniósł się z żoną Evą Haffner do Kulm nad Wisłą (Chełmno), gdzie otworzył sklep obuwniczy. Tu urodziły się jego dzieci Ingvild i Michael. Przeprowadzka do Chełmna była swego rodzaju ucieczką od stałego nadzoru policyjnego, jaki czekałby go w Berlinie.

Po II wojnie światowej wrócił do Niemiec. Czteroosobowa rodzina zamieszkała w jednym pokoju w Bad Segeberg. Kraj był zniszczony, pogrążony w kryzysie gospodarczym, społecznym i politycznym. Werner Otto powiedział wtedy: „Można upaść, ale trzeba się podnieść". Pomimo trudnych warunków nawiązał kontakty i rozpoczął nową działalność w rejonie Hamburga. Początkowo otworzył małą fabrykę obuwia, którą niestety musiał zamknąć m.in. z powodu konkurencji. Zbankrutował, bo jego firma produkująca tanie, ale kiepskie obuwie, nie mogła przebić się na rynku, na który powrócili producenci dobrej jakości obuwia z południowo-zachodniej części Niemiec. W życiu osobistym też mu się nie wiodło. W 1948 roku jego małżeństwo zakończyło się rozwodem. Chociaż dzieci zostały z matką, nie zerwał z nimi kontaktu, czuł się odpowiedzialny za ich los. Był to ciężki okres w jego życiu, ale nie załamał się, pamiętał o swojej dewizie życiowej (*panta rhei*) i niezrażony kłopotami szukał nowych możliwości pracy „na swoim".

W tym czasie przypadkowo trafił do jego rąk katalog jednej z firm wysyłkowych. Wpadł na pomysł, który odmienił jego życie. Zrezygnował z produkcji obuwia i postanowił sprzedawać dobre jakościowo buty innych wytwórców. Już 17 sierpnia 1949 roku, cztery dni po swoich 40. urodzinach, zarejestrował firmę sprzedaży wysyłkowej w Państwowym Ministerstwie Gospodarki i Transportu w Hamburgu. Z kapitałem początkowym sześciu tysięcy marek niemieckich i trzema pracownikami rozpoczął nową działalność. Siedziba firmy mieściła się w dwóch małych barakach w hamburskiej dzielnicy Schnelsen, a jej kanały dystrybucji były dość proste. Część dostaw realizowano, wykorzystując rowery do przewozu towaru. Pierwszy katalog został wykonany ręcznie. Miał tylko 14 stron i prezentował zaledwie 28 par butów. Wydano go w niewielkim nakładzie 300 egzemplarzy. Szybko jednak okazało się, że Werner Otto postawił na właściwego konia. W 1951 roku firma Werner Otto Versandhandel wydała katalog, który zawierał już 28 stron i został wydrukowany w nakładzie półtora tysiąca egzemplarzy. Firma osiągnęła obroty w wysokości jednego miliona marek niemieckich. Potrzebne były dodatkowe budynki w Schnelsen i zatrudnienie nowych pracowników. W 1952 roku ich liczba wzrosła do 150 osób. W 1953 roku firma osiągnęła obroty rzędu pięciu milionów marek, a dwa lata później już 28 milionów. Jednak to nie pęd do bogactwa motywował Wernera i napędzał do działania, lecz wrodzona pracowitość, kreatywność i ambicja.

Dlaczego Otto osiągnął taki sukces? Nie wymyślił przecież tej formy sprzedaży, a w tym czasie w Niemczech istniały już setki firm wysyłkowych. Czym różnił się od innych przedsiębiorców? Przede wszystkim zaufał klientom indywidualnym. Wbrew dotychczas panującym zasadom jako jeden z pierwszych zrezygnował z przesyłek za pobraniem, dostarczając faktury do zapłaty. Nowością było też wprowadzenie opcji zakupów grupowych. Klienci, którzy zamawiali razem ze znajomymi, krewnymi lub sąsiadami, otrzymywali dodatkowe rabaty w wysokości 5%. Ponadto postawił na wysoką jakość sprzedawanych towarów, a nie na niskie ceny. Być może do takiej decyzji przyczyniło się niedawne niepowodzenie w sprzedaży tanich butów, które produkował w swojej fabryce. Wysoka jakość oferowanego obuwia zdjęła z jego firmy odium taniochy i odróżniała go od konkurencji. W ten sposób poszerzył krąg nabywców, zdobywając nowych klientów w zamożniejszej części społeczeństwa. Jego katalogi były starannie wydawane, bogate w zdjęcia oferowanych produktów. Już w 1951 roku ukazał się pierwszy drukowany katalog, który oprócz obuwia oferował aktówki, kurtki przeciwdeszczowe i spodnie.

W kolejnych katalogach poszerzał asortyment towarów – wprowadził do oferty męskie koszule, damskie płaszcze oraz elegancką bieliznę.

Lata 50. sprzyjały rozwojowi firm wysyłkowych. Werner Otto uważnie obserwował rzeczywistość. Szybko się zorientował, że znaczna część społeczeństwa zamieszkiwała na wsiach lub w małych miasteczkach, gdzie nie było wielkich domów towarowych, co utrudniało dostęp do atrakcyjnych towarów. Postanowił wypełnić tę lukę. Początkowo korzystał z usług poczty niemieckiej. Jednak okazało się, że to nie jest najlepszy pomysł. Potrzebował gwarancji, że towar nawet na najdalszą prowincję dotrze szybko i tanio. Wymyślił więc i uruchomił swój transport. Założył firmę Hermes Versand. Jego jasnoniebieskie samochody (rozpoznawalne z daleka) dostarczające towar do najodleglejszych wsi i wiosek sprawiły, że szybko znalazł się w czołówce branży i stał się konkurencją dla poczty niemieckiej.

W latach 50. siedemnastogodzinny dzień pracy nie był czymś wyjątkowym dla Wernera Otto, lecz regułą. Mimo ciężkiej pracy nigdy nie zapominał o swoich pracownikach. Inaczej niż większość ówczesnych przedsiębiorców rozumiał prowadzenie biznesu. Dbał o swoich pracowników i starał się, aby identyfikowali się z firmą. W 1955 roku otworzył w firmie kuchnię, która zapewniała pracownikom trzy razy w tygodniu ciepły posiłek. Już w 1956 roku jako jeden z pierwszych przedsiębiorców w Niemczech wprowadził pięciodniowy tydzień pracy. Na początku 1957 roku w firmie powstał fundusz socjalny na wypłatę zasiłków losowych, rent rodzinnych, świadczeń emerytalnych i innych form pomocy. Organizował imprezy firmowe, pamiętał o premiach i bonusach z okazji Bożego Narodzenia. Potrafił inspirować swoich pracowników do działania na rzecz firmy. Wyznawał zasadę: „Jeżeli firma odnosi sukces, pracownicy też powinni w tym uczestniczyć".

W 1952 roku Werner Otto ożenił się po raz drugi. Jego żoną została Jutta Becker. W 1957 roku przyszedł na świat ich syn Frank, jedyne dziecko z tego związku. To małżeństwo również nie przetrwało. Być może zbyt wiele czasu poświęcał firmie i bardziej był skupiony na rozwoju przedsiębiorstwa niż na życiu rodzinnym.

W 1956 roku Werner Otto przeniósł szybko rozwijającą się firmę do większych budynków w hamburskiej dzielnicy Hamm. W 1959 roku położono kamień węgielny pod budowę nowego kompleksu budynków Otto Versand w Hamburgu, w Bramfeld, gdzie od 1961 roku do dziś znajduje się główna siedziba Otto Group.

W tamtym czasie wszyscy niemieccy przedsiębiorcy musieli zmagać się z ogromnymi trudnościami w prowadzeniu i rozwijaniu firm. Ale tempo i jakość wdrażanych innowacji w Otto Versand nie miały sobie równych. Jeżeli weźmiemy pod uwagę fakt, że Werner Otto uczył się tylko zawodu sprzedawcy i nie posiadał wcześniej wiedzy ani doświadczenia w prowadzeniu większych firm, to ogrom włożonej w rozwój biznesu pracy i jej efekty są osiągnięciem bez precedensu w historii powojennych Niemiec.

Ogromna ilość napływających zamówień sprawiła, że dotychczasowy sposób wysyłki stał się niewystarczający. Werner Otto wiedział, że musi skrócić czas, jaki mija od zamówienia do jego realizacji. Postawił na rozwój techniki, wprowadził komputery, które umożliwiały automatyzację procesu wysyłki towarów do klientów. Pierwsze komputery pojawiły się w firmie w 1955 roku, co umożliwiło zapisywanie i przetwarzanie rachunków na perforowanych kartach. W 1960 roku zainstalowano w firmie pierwszy elektroniczny komputer UNIVAC. Trzy lata później Werner Otto zakupił i zainstalował nowszą wersję komputera UNIVAC III, która umożliwiała przetwarzanie danych na dużą skalę. Wszystkie prace związane z zamówieniem – przetwarzanie danych, sprawdzanie błędów, księgowanie – można było wykonać dużo szybciej. Werner Otto opanował do perfekcji system realizacji zamówień. Bardzo dużą wagę przykładał też do kontroli jakości. Jego zdaniem klient nie mógł czekać i powinien otrzymać towar, który zamówił, najszybciej, jak to możliwe.

Biznes rozwijał się w tak szybkim tempie dzięki innowacyjności w sposobie promocji. W 1963 roku Werner Otto jako pierwszy wprowadził przyjmowanie zamówień drogą telefoniczną, a od 1995 roku zamówienia realizowane były już online. Wcześniej niż inni przedsiębiorcy Otto zrozumiał, że reklama jest bardzo ważna w handlu. Nie było wtedy dobrych specjalistów, którym można było zlecić to zadanie, dlatego sam starał się nauczyć się i zdobyć doświadczenie w tej dziedzinie. Wysiłek opłacił się. Dzięki opracowaniu różnych strategii reklamowych, restrukturyzacji firmy, gotowości do wprowadzania zmian i umiejętnemu wykorzystaniu potencjału odpowiednio dobranych pracowników Werner Otto wyprzedził konkurencję i zdobył pozycję lidera na rynku. Obecnie Otto Group zatrudnia 50 tysięcy osób i ma roczne przychody w wysokości 11,4 miliarda euro (14,9 miliarda dolarów).

W 1963 roku Werner Otto ożenił się po raz trzeci. Jego żoną została Maren, która urodziła mu dwoje dzieci – Katharinę i Alexandra. Tym razem spotkał kobietę, z którą spędził ponad czterdzieści lat i stworzył udany związek.

Ogromny sukces firmy nie sprawił, że Werner Otto spoczął na laurach. Wręcz przeciwnie, zaczął myśleć o innych możliwościach rozwoju. Uważał bowiem, że „nie należy wszystkich jajek umieszczać w jednym koszyku". W 1962 roku sprzedał część swojej firmy w celu zwiększenia bazy kapitałowej dla nowych projektów.

Otto starał się nie popełnić kardynalnego błędu wielu właścicieli firm – nie ingerował w szczegóły codziennej działalności firmy, za to przykładał dużą wagę do tworzenia wysoko wykwalifikowanych zespołów zarządzających. Było to możliwe, ponieważ nadal obdarzał dużym zaufaniem ludzi, z którymi pracował. Starannie ich dobierał, ale potem dawał im dużą samodzielność.

Uważał też, że żaden przedsiębiorca nie powinien bać się podejmowania decyzji, które mogą być nietrafione. Sam nie uniknął błędów na przykład, gdy zbudował kilka myjni samochodowych lub gdy zainwestował w fabrykę pończoch. Twierdził, że przedsiębiorczość to proces twórczy, a błąd jest wkalkulowany w cenę sukcesu. Kto nie ryzykuje, może i nie traci, ale też nie daje sobie szansy na sukces. Błędy można naprawić.

Brak działań to stagnacja, brak rozwoju i niemożność poznania swoich mocnych i słabych stron.

Gdy rówieśnicy Wernera myśleli o emeryturze, on rozpoczął nowy etap swojego zawodowego życia. Na początku lat 60. zaczął myśleć o rozszerzeniu swojej działalności i inwestowaniu w innych krajach. W tym czasie nie mówiło się jeszcze o globalizacji, ale Werner Otto już ją przeczuwał. Rozpoczął tworzenie Grupy Sagitta (obecnie Park Property) w Toronto, która dziś zarządza ośmioma tysiącami mieszkań i około 150 tysiącami metrów kwadratowych powierzchni przemysłowej i jest jedną z największych firm tego typu w Kanadzie.

Werner Otto był jednym z niewielu pionierów handlu XX wieku, którzy mieli znaczący wpływ na gospodarczy, społeczny i polityczny rozwój Republiki Federalnej Niemiec. Czynił to z wizjonerską pasją, wyjątkową pomysłowością i przedsiębiorczą odwagą. W swoim życiu nie bał się podejmowania nowych wyzwań, stale wyznaczał sobie nowe cele. Miał też wyjątkową cechę – czuł się zobowiązany do służenia społeczeństwu. Uważał, że swoim ogromnym majątkiem powinien tak zarządzać, aby część tych zasobów wróciła do społeczeństwa. Chciał dzielić się swoim sukcesem, także tym finansowym, z innymi członkami społeczeństwa, szczególnie z tymi najsłabszymi, bezbronnymi, którzy potrzebują pomocy – z dziećmi. Dlatego w 1969 roku powstała Fundacja Wernera Otto finansująca badania medyczne i centrum leczenia dzieci z chorobami nowotworowymi przy Klinice Uniwersyteckiej w Hamburgu.

Werner Otto był też hojnym darczyńcą. Podarował nowy budynek Werner Otto Hall Muzeum przy Uniwersytecie Harvarda, aby pokazać ekspresjonistyczną sztukę niemieckojęzycznych artystów w USA. W swojej rodzinnej miejscowości Seelow sfinansował odbudowę kościoła i odnowienie nawy. Znaczne środki przeznaczył na odbudowę i renowację belwederu na wzgórzu Pfingstberg w Poczdamie. Ufundował dodatkową nowoczesną scenę w Konzerthaus w Berlinie. Wspierał przebudowę promenady handlowej Jungfernstieg w Hamburgu.

Otto twierdził, że „o naszym losie decyduje odwaga i stanowczość" – ta myśl jest widoczna w jego przedsiębiorczych działaniach. Nigdy nie bał się nowych wyzwań, patrzył w przyszłość w sposób wizjonerski, wiedział, że wszystko się zmienia, więc i on musi być gotowy do zmian. Dzięki temu, że myślał nieschematycznie, mógł pokonać konkurencję i odnosić sukcesy. Nigdy nie pozwolił, by jakieś niepowodzenia go pokonały. Mimo braku wykształcenia potrafił wykorzystać instynkt przedsiębiorcy i swoje doświadczenie w realizacji oryginalnych projektów.

KALENDARIUM:

13 sierpnia 1909 – narodziny Wernera Arthura Arnolda Otto w Seelow (Brandenburgia) w rodzinie Wilhelma i Friedy Otto
5 października 1910 – śmierć matki Friedy
1911 – przeprowadzka z ojcem i macochą do Prenzlau

1926-1929 – trzyletnia praktyka handlowa w Angermündzie
1934 – Werner prowadzi sklep z cygarami; zostaje aresztowany za działalność antyhitlerowską
1934-1936 – dwa lata więzienia w Plotzensee
1939 – ślub z Evą Haffner; przeprowadzka do Chełmna
1941 – narodziny córki Ingvild
12 kwietnia 1943 – narodziny syna Michaela
1943 – Otto zostaje wcielony do Wermachtu, walczy na froncie wschodnim
1945 – powrót do Niemiec, do Hamburga
1948 – otwarcie małej fabryki obuwia w Hamburgu--Schnelsen, która wkrótce bankrutuje
1948 – rozwód z Evą Haffner
17 sierpnia 1949 – rejestracja firmy wysyłkowej Werner Otto Versandhandel
1950 – firma rozsyła do klientów pierwszy katalog, wykonany ręcznie w 300 egzemplarzach
1951 – firma wydaje pierwszy drukowany katalog w nakładzie 1500 egz.
1952 – firma zatrudnia 150 robotników, katalog ofertowy ukazuje się w nakładzie 10 000 egz.

1952 – ślub z Juttą Becker

1953 – katalog ofertowy posiada już 82 strony i jest wydawany w nakładzie 37 000 egz.; przychód firmy wynosi 5 mln marek

1954 – katalog (106 stron) zostaje wydany w nakładzie 80 000 egz.; przychód firmy osiąga 12 mln marek

1955-1958 – dalszy rozwój firmy

7 lipca 1957 – narodziny syna Franka

1957 – śmierć ojca Wilhelma

13 sierpnia 1959 – wbudowanie kamienia węgielnego kompleksu firmowego w Hamburgu-Bramfeld

1961 – firma Otto Versand przenosi się do nowej siedziby w Hamburg-Bramfeld

1961 – kupno w kanadyjskim Edmonton gospodarstwa, co stanowi początek działalności na amerykańskim rynku nieruchomości; powstaje Grupa Sagitta

1962 – Otto Versand po gwałtownej powodzi w Hamburgu przekazuje potrzebującym mieszkańcom odzież o wartości ponad 100 000 marek

1962 – Werner sprzedaje część Otto Versand firmie E. Brost & J. Funke, właścicielom WAZ Gruppe
1963 – ślub z Maren Stücker
1963 – Otto Versand wprowadza przyjmowanie zamówień drogą telefoniczną
1964 – narodziny córki Kathariny
22 stycznia 1965 – Otto zakłada firmę Werner Otto Vermögensverwaltung GmbH, która później zmienia się w Werner Otto Grundstücks-Entwicklung GmbH (WOG), zaś od 1979 r. przyjmuje nazwę ECE Projektmanagement GmbH
1966 – w katalogu Otto Versand po raz pierwszy pojawiają się towary takich projektantów, jak Nina Ricci i Christian Dior; w Hongkongu zostaje otwarte pierwsze biuro firmy na kontynencie azjatyckim
1967 – narodziny syna Alexandra
1968 – powstaje The Otto Parammount Group; Otto Versand wydaje pierwszy katalog dla młodzieży oraz dwa foldery: *Jak żyjemy* i *Wykaz prezentów*

1968 – umiera macocha Wernera Marie Gertrude
1969 – powstaje Fundacja Wernera Otto finansująca badania medyczne i centrum leczenia dzieci z chorobami nowotworowymi
1971 – do Zarządu Otto Versand wchodzi syn Wernera Michael
1974 – powstaje Werner Otto Institut; po raz pierwszy pojawia się katalog KIKO przeznaczony dla dzieci
1977 – Wernerowi zostaje nadany tytuł doktora honoris causa przez Uniwersytet w Hamburgu
1991 – otwarcie Werner Otto Hall przy Uniwersytecie Harvarda
1996 – fundacja stypendium Wernera Otto
1997 – sfinansowanie odbudowy kościoła i odnowienie nawy w Seelow
2000 – otwarcie Werner Otto Haus
2003 – otwarcie ufundowanej przez Wernera nowoczesnej sceny w Konzerthaus w Berlinie
11 sierpnia 2009 – Werner zostaje Honorowym Obywatelem Berlina
25 lutego 2009 – w Warszawie w hotelu Hilton na

gali CEE Real Estate Award Alexander Otto odbiera nagrodę przyznaną jego ojcu za całokształt działalności
2009 – powstaje Fundacja Wernera i Maren Otto
21 grudnia 2011 – Werner Otto umiera w Berlinie

CIEKAWOSTKI:

- Każdy, kto chce zrozumieć, jak pracował Werner Otto, i znaleźć klucz do jego niespotykanego sukcesu, powinien poznać jego dwanaście zasad przedsiębiorczości:
  1. Poznaj siebie: swoje słabe i mocne strony.
  2. Bądź wolny od pracy (może ją wykonać inny pracownik, a ty możesz poświęcić się nowym twórczym zadaniom).
  3. Bądź otwarty na pomysły innych. Dyskutuj, słuchaj, dziel się pomysłami. Żadna idea nie jest aż tak dobra, żeby nie można było już nic zmienić, poprawić.
  4. Uprość problemy. Sprowadź każdy problem do prostego elementu.

5. Usystematyzuj wiedzę i korzystaj z know--how firmy.
6. Nie bój się krytyki. Analizuj błędy, wyciągaj wnioski i działaj.
7. Działaj konsekwentnie.
8. Uważaj na ukryte zagrożenia.
9. Bądź gotowy do zmian.
10. Rozwijaj się i bądź gotowy do przyjęcia nowych partnerów do swojej firmy.
11. Inteligencja nie zastąpi doświadczenia.
12. Reaguj na zmiany i pamiętaj o dalekowzrocznej strategii.

- W 1943 roku Wernera Otto wcielono do Wermachtu. Walczył na froncie wschodnim i został poważnie ranny w głowę. Trafił do szpitala, gdzie doczekał końca wojny.
- Jednym z osiągnięć Wernera Otto było przeniesienie koncepcji centrów handlowych ze Stanów Zjednoczonych do Niemiec. W 1965 roku założył Werner Otto Vermögensverwaltung GmbH, które później stało się Werner Otto Grundstücks-Entwicklung GmbH (WOG), a od 1979 roku przyjęło nazwę ECE

Projektmanagement. W ciągu zaledwie kilku lat ECE stała się jedną z najważniejszych firm budujących i zarządzających centrami handlowymi w Europie. W 2000 roku syn Wernera Alexander został prezesem ECE. Obecnie ECE działa w Niemczech, Polsce, Czechach, na Węgrzech, w Austrii, Szwajcarii, Litwie, Rosji, na Ukrainie, w Serbii, Rumunii, Bułgarii, Grecji, Turcji i Katarze. Firma jest jedną z największych firm budowlanych i deweloperskich w Europie.

- W 1968 roku Werner Otto założył The Paramount Group – firmę, która specjalizuje się kupowaniu, sprzedaży, zarządzaniu, wynajmie i budowie nieruchomościami. Paramount jest jedną z największych firm tego typu z siedzibą w Nowym Jorku.
- W ciągu ponad 60 lat firma Otto Versand zmieniła nazwę na Otto Group i stała się największą grupą wysyłkową na świecie. Działa w 20 krajach w Europie, Ameryce i Azji, a od kilku dziesięcioleci jest jedną z najbardziej dochodowych firm w tej branży. W 1981 roku

Werner przekazał zarządzanie firmą najstarszemu synowi Michaelowi, który w 2007 roku został przewodniczącym Rady Nadzorczej.
- W 1974 roku Werner Otto założył Werner Otto Institut z siedzibą w Hamburgu-Alsterdorf. Był to pierwszy i jak dotąd jedyny specjalistyczny instytut w północnych Niemczech zajmujący się wczesnym diagnozowaniem i terapią chorób rozwojowych dzieci i młodzieży. Co dwa lata Fundacja Wernera Otto przyznaje nagrodę za ważne dokonania w pracy naukowej lekarzom działającym w Hamburgu.
- Od 1996 roku istnieje stypendium Wernera Otto dla młodych naukowców medycznych z Uniwersytetu w Hamburgu.
- W 2000 roku w Berlinie w dzielnicy Neukölln został otwarty Werner Otto Haus – centrum rehabilitacji po wszczepieniu implantów ślimakowych. Jest to nowoczesna placówka, gdzie dzieci i młodzież z upośledzeniem słuchu uczą się słyszeć ponownie po operacji wszczepienia implantu ślimakowego.

- Polska spółka ECE Projektmanagement Polska sp. z o.o. powstała w 1997 roku w Warszawie. Centrum handlowe Silesia City w Katowicach oraz Galeria Krakowska w Krakowie należą do najbardziej znanych centrów handlowych zarządzanych przez ECE Projektmanagement Polska. Inne centra handlowe zarządzane w Polsce przez tę firmę to: Alfa Centrum i Galeria Bałtycka w Gdańsku, Galeria Dominikańska we Wrocławiu, Galeria Kaskada w Szczecinie, Galeria Łódzka, City Center w Poznaniu i Zielone Arkady w Bydgoszczy.
- Z okazji 100. urodzin Wernera, on i jego żona założyli w 2009 roku Fundację Wernera i Maren Otto. Celem fundacji, której fundusze założycielskie wynoszą pięć milionów euro, jest pomoc osobom starszym z regionu Berlina i Brandenburgii oraz wspieranie opieki nad nimi.
- Z okazji 100. Urodzin Wernera Otto Wydawnictwo Societäts-Verlag opublikowało jego biografię *Werner Otto – człowiek stulecia*, na-

pisaną przez hamburskiego historyka i dziennikarza Matthiasa Schmoocka.
- Werner Otto otrzymał wiele nagród i odznaczeń za swój wkład w rozwój przedsiębiorczości w kraju i na świecie oraz za zaangażowanie w działalność społeczną. Został odznaczony Wielkim Krzyżem pierwszej klasy – Orderem Zasługi Republiki Federalnej Niemiec. Był doktorem honoris causa i honorowym senatorem Uniwersytetu w Hamburgu, a także profesorem Wolnego i Hanzeatyckiego miasta Hamburg. Otrzymał też Nagrodę Społecznej Gospodarki Rynkowej za przedsiębiorczość.

CYTATY:

„Kto myśli zachowawczo i z obawy przed błędami nie odważa się pójść naprzód, nie powinien zostać przedsiębiorcą".

„Oczywiście, czasami można w życiu upaść, ale trzeba się podnieść".

„Wprawdzie szczęście może komuś podać rękę, ale na sukces trzeba zapracować samemu".

„Każda firma ma swój charakter. Kiedy go straci, zniknie też jej sukces".

„Ludzie są [dla mnie] ważniejsi od bilansów".

„Myślenie o obrotach musi być ponad myśleniem o kosztach".

„Wartość życia musi poprzedzać wartość rynkową".

„Nie jestem typowym liberałem, ale jestem postępowy".

„W żadnym razie nie jestem skromny, ale nie robię wokół siebie szumu jak inni".

„Rozstrzygnięcie nie jest lepsze, gdy się wiele razy naradzamy. Ono jest po prostu droższe".

„Utrata zaufania człowieka jest gorsza niż straty w sprzedaży. Straty materialne można zrekompensować poprzez wydajność, szkody niematerialnej nie da się spłacić".

„Często zastanawiałem się, dlaczego nasza firma wysyłkowa tak dobrze się rozwinęła, przecież w innych firmach też pracowano. Myślę, że to nasza wewnętrzna gotowość do naprawdę wielkiego wysiłku dla klienta. Nawet dla specjalisty linii montażowej czy elektronika jest jasne, że za każdym zamówieniem stoi człowiek ze swoimi nadziejami i życzeniami".

„Należy trenować ciało i ducha. Gdy się tego nie robi, gdy nie ma się przed sobą nowych wyzwań, przegrywa się".

„Współczesne przedsiębiorstwo jest oceniane nie tylko na podstawie danych sprzedaży i wielkości produkcji, ale coraz częściej przez to, co jest gotowe zrobić dla społeczeństwa, co wynika z jego społecznej odpowiedzialności".

„Odwaga i zdolność podejmowania decyzji określają los".

ŹRÓDŁA I INSPIRACJE:

Schmoock Matthias, *Werner Otto – Der Jahrhundert Mann*, Societäts-Verlag, 2009.
Herb Verena, *German retail pionier Werner Otto turns 100*, http://www.dw.com/en/german-retail-pioneer-werner-otto-turns-100/a-4559607.
Nicolai Briger, *Der König des Versandhauses wird 100 Jahre*, https://www.welt.de/wirtschaft/article4294975/Der-Koenig-des-Versandhauses-wird-100-Jahre-alt.html.
Ritter Johannes, *Werner Otto gestorben*, „Frankfurter Allgemeine Zeitung", http://www.faz.net/aktuell/wirtschaft/versandhaus-gruender-werner-otto-gestorben-11581357.html.
Prof. Dr. H. c. Werner Otto. Unternehmer Und Mäzen, http://www.werner-otto.info/vita_c.html.
Biografia Wernera Otto w Wikipedii: https://en.wikipedia.org/wiki/Werner_Otto_(entrepreneur).

Werner Otto ist tot. Vom Schuster zum Versandhauskönig, http://www.handelsblatt.com/unternehmen/mittelstand/werner-otto-ist-tot-vom-schuster--zum-versandhauskoenig/5996622-all.html.

Wolfgang Puck

(ur. 1949)

Amerykanin austriackiego pochodzenia, kucharz celebryta, właściciel imperium kulinarnego Wolfgang Puck Group

Jako 14-latek wyprowadził się z domu, by uczyć się gotowania od profesjonalnych kucharzy. W wieku 20 lat był już szefem kuchni w paryskich restauracjach. Gdy miał 24 lata, opuścił Europę, by rozpocząć karierę w Stanach Zjednoczonych. Tam w ciągu 30 lat stworzył imperium kulinarne. W jego skład wchodzi 100 restauracji w USA (dane z 2016 roku), firma catcringowa obsługująca klientów premium oraz firma zajmująca się dystrybucją i sprzedażą sprzętu do kuchni. Puck jest autorem kilku książek kucharskich, które sprzedały się w milionowych nakładach. Prowadzi cieszące się wielką popularnością telewizyjne programy kulinarne. Zarabia ogromne pieniądze, ale nie jest ich niewolnikiem – mówi: „Nie jestem zainteresowany pieniędzmi, dopóki wystarcza ich do jutra". Od ponad 20 lat angażuje się w wiele inicjatyw charytatywnych. Tylko przez swoją fundację dobroczynną przekazał potrzebującym około 13 milionów dolarów w ciągu ostatnich 20 lat.

Wolfgang Puck, a właściwie Wolfgang Topfschnig, (nazwisko zmienił na Puck, gdy matka wyszła po raz drugi za mąż) urodził się w małym miasteczku w austriackiej Karyntii. Nie miał łatwego dzieciństwa. Jego ojciec był nadużywającym alkoholu bokserem, który systematycznie się upijał i bardzo źle traktował syna i żonę. Rodzinie nie powodziło się dobrze. Wolfgang wspomina: „Dorastałem w takiej biedzie, że nigdy nie wyjechałem na wakacje". Jego matka pracowała jako kucharka w jednym z hoteli w rodzinnym mieście Wolfganga Saint Veit an der Glan. Często zabierała syna ze sobą do pracy, aby nie siedział w domu z ojcem pijakiem. Podczas wielogodzinnych pobytów w kuchni (lub jej pobliżu) Wolfgang najpierw z nudów, a potem z coraz większym zaangażowaniem i zainteresowaniem pomagał mamie w prostych pracach. Rozpoczął, jak każdy szanujący się pomocnik kucharza, od obierania ziemniaków. Z czasem dostawał coraz bardziej odpowiedzialne zadania.

Jako 14-latek był już pewny, czego chce: być szefem kuchni w prestiżowej restauracji. Wtedy wydawało się to nierealnym marzeniem. Jednak marzenie miało się spełnić, dlatego że chłopak był zdeterminowany do zmiany swojego życia. Marzył o tym, by wydostać się spod wpływów ojca alkoholika, skończyć z biedą i robić to, czego pragnie. Gdy o planach syna dowiedział się ojciec, wpadł w szał. „Gotowanie to praca dla kobiet! Ty masz zostać cieślą!" – krzyczał. Młody Wolfgang wiedział, że w domu rodzinnym nie ma dla niego miejsca. „Gotowanie to było coś, co pomogło mi wyrwać się z domowej beznadziejności i było dla mnie szansą na lepsze życie, tym większą, że ja naprawdę lubiłem gotować" – wspomina Puck w jednym z wywiadów prasowych. Znajomy załatwił mu trzyletnią praktykę w niewielkim hotelu, gdzie Wolfgang miał nauczyć się podstaw sztuki kulinarnej. Jego pierwsza przygoda z gotowaniem nie trwała długo, bo zaledwie miesiąc. Szef kuchni powiedział mu: „Wracaj do domu, do mamy, bo jesteś beznadziejny". Po prostu wyrzucił go na bruk. To był bardzo trudny moment dla kilkunastoletniego chłopaka. Wolfgang Puck w swoich wspomnieniach pisze, że tego wieczora, gdy stracił pracę, stał godzinę na moście nad rzeką i chciał się zabić. Wtedy do głowy przyszła mu jednak myśl, której się uchwycił jak koła ratunkowego: „Nie poddam się, jutro wrócę do hotelu i zobaczę, co będzie". Właściciel bardzo zadziwiony determinacją młodego kandydata na kucharza zlitował się nad nim i postanowił zatrudnić w innym swoim hotelu. Ta sytuacja nauczyła Pucka, że warto być upartym i bardzo wzmocniła na kolejne lata drogi do realizacji marzeń.

Z Austrii wyjechał do Francji. Tam znalazł pracę w restauracji w Dijon, którą prowadził Raymond Thuilier. To on nauczył młodego chłopaka z Austrii, jak być prawdziwym szefem kuchni, ale nie tylko tego. „Patrząc na Raymonda, zrozumiałem, że nie chcę być tylko świetnym kucharzem, lecz również właścicielem restauracji jak on" – wspomina Wolfgang, który odebrał od życia kolejną lekcję: „Gdy chcesz coś osiągnąć, poszukaj kogoś, kto to już zrobił. Znajdź mentora, który wskaże Ci drogę i będzie Cię motywował, a gdy trzeba, wytknie ci błędy". Swoje umiejętności szlifował jeszcze w kilku paryskich restauracjach, między innymi w słynnym Maximie. Pracował też w Monte Carlo. Uczył się i zbierał doświadczenia, podpatrywał najlepszych, bo od nich właśnie chciał się uczyć. Zawsze chciał być w miejscu cieszącym się największym prestiżem. Marzył o pracy z najlepszymi kucharzami.

Gdy Europa stała się dla niego „za mała", a miał wtedy zaledwie 24 lata, wyruszył na podbój Stanów Zjednoczonych. Posiadał kilkuletnie doświadczenie zdobyte w dobrych restauracjach, trochę odłożonych pieniędzy na start i ambitne plany na przyszłość. Zawsze myślał w szerokich kategoriach: o pracy w najlepszych hotelach, o gotowaniu dla klientów z górnej półki. Po rocznym pobycie w Indianapolis przeniósł się do Kalifornii, do Los Angeles, bo czy może być lepsze miejsce dla ambitnego kucharza z wielkimi planami na przyszłość? Tam znalazł pracę w lokalu Ma Maison. Jako nowy szef kuchni zaproponował potrawy przygotowywane według przepisów z Francji na bazie naturalnych produktów dostępnych w Kalifornii. Ta mieszanka miała być według niego gwarancją sukcesu. Potrzebował bardzo dobrych produktów, między innymi owoców i warzyw, bo to, co zastał w kuchni Ma Maison, nie spełniało jego oczekiwań. „Nie wiem, jak klienci mogli to jeść" – opowiada Puck. Osobiście wyszukiwał rolników, którzy mieli dostarczać najlepsze produkty. Dbałość o jakość była jego pasją. Nowe menu zostało bardzo dobrze przyjęte przez klientów, a Ma Maison szybko stała się jedną z bardziej popularnych restauracji w Los Angeles.

Po sześciu latach sukcesów Puck podjął trudną decyzję o odejściu. Zafascynowany swoim pierwszym mentorem z Francji, chciał być swoim własnym szefem i pozostał wierny temu postanowieniu. W swoją pierwszą restaurację zainwestował wszystkie oszczędności, dodatkowo pożyczył 60 tysięcy dolarów z banku i ponad pół miliona od inwestorów, których swoim entuzjazmem przekonał do tego projektu. W 1982 roku otworzył lokal o nazwie Spago (czyli spaghetti), na którego punkcie oszaleli mieszkańcy Los Angeles. Przez wiele lat Spago było „najgorętszą" restauracją w mieście. Można tu było spotkać największe gwiazdy kina, muzyki oraz celebrytów. Jak była tajemnica sukcesu Pucka? Innowacyjność. Ciekawy wystrój, otwarta, tętniąca życiem kuchnia i nowe smaki ze wszystkich stron świata. To, czego nauczył się podczas pracy w Ma Maison, udoskonalił w Spago. Komponował zupełnie nowe dania, mieszając składniki z różnych części świata. Serwował na przykład pizzę z kawiorem lub łososiem. Inspiracji szukał w Chinatown, Małym Tokyo i dzielnicach zamieszkałych przez emigrantów z Europy. Wiedział, że w Los Angeles mieszkają ludzie pochodzący z różnych zakątków świata. Każdy miał znaleźć coś dla siebie w restauracji Pucka. Po tym sukcesie przyszła pora na otwarcie kolejnych restauracji Spago w Chicago, Las Vegas, Beverly Hills i Palo Alto. Szukając wciąż nowych inspiracji, wpadł na jeszcze jeden pomysł. Skoro ludziom tak bardzo smakowały dania z jego restauracji, postanowił uruchomić produkcję mrożonych potraw przygotowanych z najlepszych składników według receptur Spago. Wolfgang Puck w kolejnych latach systematycznie rozwijał swoje imperium kulinarne. Otwierał następne restauracje dedykowane różnym nacjom zamieszkującym USA: chińskie, włoskie, koreańskie.

Puck znalazł swoje miejsce nawet w branży fast food, lecz na swoich warunkach: serwując naturalne, świeże produkty w zestawach zainspirowanych kuchniami wielu narodów. W jego sieci można było znaleźć wpływy greckie, meksykańskie, włoskie i chińskie. Potem przyszła pora na rozwinięcie systemu franczyzowego, dzięki czemu restauracje z jego logo można znaleźć na terenie całych Stanów Zjednoczonych. Obecnie koncern kulinarny Pucka przynosi około 400 milionów dolarów rocznego dochodu. Pracuje w nim ponad pięć tysięcy osób.

Zbudowanie tak dużej firmy było możliwe tylko przy pełnym poświęceniu samego Wolfganga i jego najbliższych. Ogromne tempo życia, popularność, ciągłe przebywanie w pracy (w ciągu roku Puck spędza około 200 dni poza domem w podróżach służbowych) sprawiły, że związki Pucka z kobietami przechodziły, delikatnie mówiąc, różne momenty. Był żonaty trzy razy. Obecnie jest w związku z Gelilą Asafetą, z którą ma dwóch synów: Aleksandra i Olivera. Pierwszą jego żoną była w latach 1975-1980 Marie Trouillot, z którą nie miał dzieci. Po rozwodzie poślubił w 1983 roku Barbarę Lazaroff. Z tego związku ma dwóch synów: Camerona i Byrona. Z Barbarą założył fundację charytatywną, która pomaga ubogim. W ciągu 20 lat przekazali na cele dobroczynne około 13 milionów dolarów.

Prywatnie Wolfgang jest wielkim miłośnikiem narciarstwa. Jeśli tylko ma czas, szusuje na stokach gór Kolorado. Jego codzienną rutyną jest spacer. Jak mówi, wtedy najlepiej zbiera mu się myśli i do głowy przychodzą mu najlepsze pomysły. Być może tak dużo spaceruje, aby spalić trochę kalorii, bowiem jego ulubionym daniem jest... makaron! „Makaron to najlepsze jedzenie na świecie" – śmieje się mistrz.

Od kilkunastoletniego chłopaka, który załamany stał na moście, myśląc o samobójstwie, do jednego z najpopularniejszych kucharzy w USA, zarabiającego miliony dolarów – to droga, jaką przeszedł Wolfgang Puck. Pochodząc ze zmagającej się z ciężkim życiem rodziny, mając ojca alkoholika i nie mając perspektyw na przyszłość, potrafił znaleźć w sobie siłę i determinację, by szukać nowego, lepszego życia. Za cechę, która pozwoliła mu tak wiele osiągnąć, uważa gotowość na zmiany. Zmiany na lepsze mogły nastąpić, ponieważ cały czas się uczył i udoskonalał wszystko, co tylko mógł: przepisy, obsługę klienta, pomysły na biznes i... siebie samego.

Codziennie wstawał i mierzył się z kolejnymi wyzwaniami. W jednym z wywiadów powiedział: „Jeśli chcesz osiągnąć coś naprawdę dużego w swoim życiu, przygotuj się na ogrom pracy i mnóstwo przeciwności, które napotkasz". Sam dowiódł, że wszelkie przeszkody można pokonać, jeśli wystarczy wiary w siebie, wytrwałości i entuzjazmu.

KALENDARIUM:

8 września 1949 – narodziny Wolfganga Pucka
1961 – Wolfgang opuszcza dom, by uczyć się sztuki kulinarnej w Austrii, a potem we Francji
1973 – wyjazd do USA; pierwszy przystanek to Indianapolis, w którym spędza dwa lata
1975 – przeprowadzka do Los Angeles i rozpoczęcie pracy w restauracji Ma Maison
1975 – Wolfgang bierze ślub z Marie Trouillot; małżeństwo przetrwa 5 lat; para nie będzie miała dzieci
1980 – rozstanie z Marie Trouillot i publikacja pierw-

szej książki kucharskiej (w sumie wydał 6 poradników kucharskich)

1981 – otwarcie Spago w Los Angeles

1983 – otwarcie Chinois on Main w Santa Monica

1983 – Puck żeni się po raz drugi, jego wybranką jest Barbara Lazaroff; związek przetrwa 20 lat i urodzi się w nim dwóch synów: Cameron i Byron

1987 – Puck uruchamia linię mrożonek z potrawami, jakie podawane są w jego restauracji Spago

1989 – kolejna restauracja Pucka Postrio otwiera swoje podwoje w San Francisco

1991 – rusza sieć restauracji Wolfgang Puck Express serwujących dania typu fast food

2002 – Wolfgang i Barbara rozwodzą się po 20 latach małżeństwa

2006 – powstaje pierwszy lokal o nazwie CUT w Beverly Wilshire – jest to restauracja typu steakhouse

2007 – Wolfgang staje po raz trzeci na ślubnym kobiercu, tym razem żeni się z Gelilą Asafetą; ma z nią dwóch synów: Aleksandra i Olivera

CIEKAWOSTKI:

- Wolfgang Puck jest autorem sześciu książek kucharskich, które przyniosły mu nieprawdopodobną popularność w Stanach Zjednoczonych. Wszystkie rozeszły się milionowych nakładach. Szczególnie znana jest pierwsza, zatytułowana *Modern French Cooking for the American Kitchen*, którą wydał w 1981 roku. Ponad pięć milionów osób czyta cotygodniowe felietony kulinarne Austriaka zatytułowane „Kuchnia Wolfganga Pucka". Ukazują się one w 30 amerykańskich gazetach.
- Jak przystało na celebrytę, Wolfgang Puck pojawia się od czasu do czasu na małym ekranie, grając epizodyczne role w filmach i serialach telewizyjnych. Ma ich na koncie kilkanaście. Bierze udział w programach kulinarnych typu reality show. Prowadzi też programy, podczas których reklamuje urządzenia do kuchni sprzedawane przez jego firmę.
- Prywatnie Puck jest wielkim fanem piłki nożnej. Szczególnie lubi oglądać mecze ligi an-

gielskiej. Kibicuje mocno dwóm londyńskim drużynom: Chelsea i Arsenalowi. Największy problem ma, gdy obie grają przeciwko sobie. Wtedy, jak mówi, ma rozdarte serce.
- Firma Wolfganga Pucka przygotowuje menu i dostarcza catering na bal Amerykańskiej Akademii Filmowej, który odbywa się po wręczeniu Oscarów.

CYTATY:

„Potrawa powinna zapadać w pamięć; jeśli jest „tylko" dobra, to za mało".

„Gotowanie jest jak malowanie albo komponowanie piosenki".

„Tylko Ty możesz osądzić swoje życie. Musisz żyć zgodnie ze swoimi oczekiwaniami".

„Nauczyłem się więcej w jednej restauracji, która nie działa, niż w stu, które odnoszą sukcesy".

„Wiele restauracji serwuje dobre jedzenie, niewiele ma jednak dobrą obsługę".

„Jedząc wspólnie posiłki z rodziną i znajomymi, jesteśmy szczęśliwsi".

ŹRÓDŁA I INSPIRACJE:

Oficjalna strona internetowa Woflganga Pucka: http://www.wolfgangpuck.com

Sylwetka Wolfganga Pucka w internetowym wydaniu „Los Angeles Times": http://articles.latimes.com/2010/mar/07/business/la-fi-himi-puck7-2010mar07

Wolfgang's Puck Kitchen Adventures, „The Wall Street Journal", http://www.wsj.com/articles/SB10001424053111904006104576504120231813228

Biografia Wolfganga Pucka na portalu biography.com: http://www.biography.com/people/wolfgang-puck-9542381

Sylwetka Wolfganga Pucka na portalu Culinary Hall of Fame: http://www.culinaryhalloffame.com/inductees/wolgang_puck.htm.

10 pytań do Wolfganga Pucka, gayot.com, http://www.gayot.com/interviews/wolfgang-puck.html.

John Davison Rockefeller

(1839-1937)

amerykański przedsiębiorca, założyciel
Standard Oil, uważany za najbogatszego
człowieka w historii ludzkości, filantrop
(na cele charytatywne przeznaczył
ponad pół miliarda dolarów)

Był synem oszusta i... pobożnej baptystki. Od najmłodszych lat musiał pracować, aby pomóc w utrzymaniu piątki rodzeństwa. Zawsze pomagał ubogim, ale jednocześnie był bezwzględny dla konkurentów w biznesie. Źródeł swojego sukcesu upatrywał w ofiarowaniu własnego losu Bogu. Udowodnił, na co go stać, ponieważ zaczynał od zera, a stał się najbogatszym człowiekiem w historii ludzkości. U szczytu swojej potęgi pod koniec XIX wieku kontrolował 95 procent rynku wydobycia ropy naftowej w USA i jako prywatna osoba odpowiadał za 1 procent produkcji przemysłowej Stanów Zjednoczonych! Był filantropem, fundatorem Uniwersytetu Chicagowskiego i założycielem Fundacji Rockefellerów. Według magazynu „Forbes" majątek zarządzanych przez niego firm wynosił w przeliczeniu na dzisiejszą wartość waluty około 305 miliardów dolarów (dane z 2007 roku).

John D. Rockefeller urodził się w Richford w stanie Nowy York jako jedno z sześciorga dzieci Williama Rockefellera i Elizy Davison. Był drugim dzieckiem w kolejności i najstarszym synem, w związku z tym przypadł mu obowiązek zarabiania pieniędzy już od najmłodszych lat. Rodzinie nie powodziło się dobrze. Ojciec Johna, mówiąc najdelikatniej, nie miał smykałki do pracy. Próbował prowadzić farmę, był też komiwojażerem i oszustem podającym się za lekarza cudotwórcę wciskającego ludziom własne mikstury zdrowotne. W okolicy znany był jako Doc. Rockefeller albo Bill Devil (Bill Diabeł). Podczas podróży służbowych znikał na całe tygodnie i zapominał o najbliższych. W końcu porzucił rodzinę i został bigamistą, żeniąc się z inną kobietą. John miał wtedy 16 lat. Matka Johna, pobożna baptystka, troskliwie zajmowała się dziećmi i wpajała im, że w życiu liczy się skromność, pobożność, oszczędność i pracowitość. John dobrze zapamiętał jej słowa. Jako nastolatek za drobne opłaty wykonywał prace dla sąsiadów, sprzedawał dzieciom słodycze, a dorosłym samodzielnie wyhodowane indyki. Chodził do szkoły, ale odebrał tylko podstawowe wykształcenie.

Gdy miał 16 lat, rodzina wyprowadziła się na przedmieścia Cleveland w stanie Ohio. Tam całymi godzinami wydeptywał ulice w poszukiwaniu pracy. W końcu udało się – został asystentem księgowego w małej firmie pośrednictwa handlowego i spedycji Hewitt and Tuttle. Od świtu do późnego wieczora z wielką gorliwością poświęcał się pracy biurowej. Niewiele umiał, więc początki były trudne. Samodzielnie poznawał podstawy księgowości i bilansów „winien – ma". Szczególnie upodobał sobie kontrolę i obniżanie kosztów transportu w celu podniesienia zysków firmy. Ta umiejętność przydała mu się później, gdy prowadził swoją rafinerię. Nauczony oszczędności, mimo niskich zarobków (12,5 dolara miesięcznie) systematycznie odkładał pieniądze i wkrótce został wspólnikiem w firmie pośredniczącej w handlu. Był człowiekiem bardzo ambitnym, więc praca asystenta księgowego nie była spełnieniem jego marzeń. Uważał, że człowiek nie powinien bezczynnie czekać na to, co mu życie przyniesie, tylko wziąć sprawy w swoje ręce i samodzielnie wykuwać swój los. Wiedział, że każdy człowiek ma swoje zadanie do wykonania w życiu. Jego zadaniem było pomnażanie pieniędzy. W jednym z późniejszych wywiadów prasowych powiedział: „Wierzę, że pomnażanie pieniędzy to mój obowiązek względem rodziny i kraju". Konsekwentnie ten cel w kolejnych latach realizował, nie zważając na przeciwności losu. Głęboko wierzył w siebie i swoje możliwości. W realizacji ambitnych planów pomogła mu między innymi umiejętność szybkiego podejmowania odważnych decyzji i wykorzystywania nadarzających się okazji. Gdy dzięki wzrostowi cen towarów spowodowanemu wojną secesyjną w latach 1861-1865 wzbogacił się wystarczająco, by pomyśleć o samodzielnych przedsięwzięciach finansowych, jego wybór inwestycyjny padł na dynamicznie rozwijający się w okolicach Cleveland przemysł naftowy. Wykazał się mądrością i zdolnością przewidywania, gdyż przyszłość tej branży widział nie w żmudnych poszukiwaniach złóż ropy, lecz w jej przetwarzaniu. Intuicja podpowiedziała mu, że produkcja ropy naftowej będzie jedną z najbardziej dochodowych gałęzi przemysłu. Z natury był bardzo ostrożny, ale w 1863 roku, mając zaledwie 24 lata, zainwestował wszystkie swoje oszczędności w budowę na peryferiach Cleveland pierwszej rafinerii. Decyzja wymagała od niego wyjścia ze strefy komfortu, była bowiem sprzeczna z jego naturą i naukami, jakie odebrał od swojej matki. Po dwóch latach spłacił udziałowców i został samodzielnym właścicielem.

Niestety, w 1866 roku stanął na skraju bankructwa. Powodem jego kłopotów były bardzo wysokie ceny kolejowego transportu ropy. Pochłaniały one większość zysku z produkcji. Transport ten był bardzo niebezpieczny, zdarzały się eksplozje pociągów, więc właściciele linii kolejowych windowali niebotycznie ceny usług. Dramatyczna sytuacja go nie przeraziła. Raczej wzmogła jeszcze jego odwagę i zwiększyła motywację do szukania rozwiązań. Mimo że nie był jeszcze wtedy znanym przedsiębiorcą, znalazł sposób, by umówić z ówczesnym potentatem kolejowym Corneliusem Vanderbiltem, z którym zamierzał porozmawiać o stawkach za przewóz ropy. Chciał pojechać do Nowego Jorku pociągiem, ale spóźnił się o włos. Miał dużo szczęścia, ponieważ pociąg, na który kupił bilet, wykoleił się. Rockefeller prawdopodobnie uniknął śmierci. Już wcześniej był człowiekiem religijnym, jednak wtedy uznał, że Bóg powierzył mu wyjątkową misję. Spotkał się w końcu z Vanderbiltem, a podczas rozmowy wykorzystał swoje doświadczenie wyniesione z pracy w księgowości w Hewitt and Tuttle. Tam właśnie nauczył się, jak operować kosztami transportu, by przynieść firmie jak największe zyski. Mógł podziękować sobie za całe dnie mrówczej pracy nad bilansami księgowymi. Dzięki swojej pracowitości i uporowi uratował firmę. Podsunąwszy Venderbiltowi pomysły rozwiązań korzystne dla obu stron, wynegocjował dla siebie bardzo dobre warunki transportu.

W 1870 roku Rockefeller założył Standard Oil Company. Zdobyta samodzielnie wiedza i stale doskonalona umiejętność strategicznego myślenia pomogły mu przejąć kontrolę nad 22 z 26 rafinerii w okolicach Cleveland – miasta, które było jednym z pięciu największych w Stanach Zjednoczonych centrów wydobycia i produkcji ropy naftowej. Biznes prowadził wspólnie z bratem Williamem. Ufał tylko jemu. Bracia mieli nawet własny kod językowy, którego inni nie rozumieli. Naczelna zasada w biznesie Rockefellerów brzmiała: „Sukces przychodzi dzięki otwartym uszom i zamkniętym ustom". John cierpliwie budował swoje imperium. Dotychczasowe doświadczenie podpowiadało mu, że największe możliwości daje samodzielne zarządzanie zarówno przedsiębiorstwem, jak i całym sektorem. Wykupywał kolejnych konkurentów. Posiadacze akcji rozmaitych spółek naftowych przekazywali mu swoje udziały, a w zamian otrzymali certyfikaty trustu, które zapewniały im dywidendę, ale uniemożliwiały jakiekolwiek wpływ na funkcjonowanie firmy.

Rockefeller ciągle rozwijał umiejętności negocjacyjne i wchodził w posiadanie coraz większej części rynku ropy. Imponował szybkością analizy danych i błyskawicznym podejmowaniem decyzji. Tak było podczas załamania gospodarki w 1873 roku. Po raz pierwszy zamknięto nowojorską giełdę. Zaczął się pierwszy wielki kryzys. Rockefeller uznał to za znakomitą okazję do wykupienia za półdarmo konkurentów, którzy wpadli w panikę. Kiedy gospodarka wychodziła z kryzysu, John posiadał już największe imperium korporacyjne w Ameryce. Przed czterdziestką kontrolował 95 procent rynku produkcji ropy w USA!

Wzrost potęgi Rockefellera niepokoił jego konkurentów i polityków, łącznie z prezydentem Rooseveltem. Konkurenci zjednoczyli się i narzucili wyższe ceny transportu. Rockefeller wykazał się w tej sytuacji umiejętnością niestandardowego myślenia. Jego odpowiedzią była budowa własnego rurociągu przesyłowego o długości sześciu tysięcy kilometrów z Ohio do Pensylwanii. Równocześnie wykupił ogromne połacie terenów, by utrudnić innym skopiowanie jego pomysłu! Po raz kolejny w trakcie prowadzenie firmy wykazał się odwagą oraz konsekwencją w działaniu – rozpoczął wojnę cenową z liniami kolejowymi i wyszedł z niej zwycięsko. Niestety, obniżka cen spowodowała spadek zysków właścicieli kolei, a to doprowadziło do obniżenia pensji szeregowym pracownikom, co poskutkowało protestami kolejarzy. Aby uspokoić nastroje, właściciele linii odsprzedali swoje udziały w rynku naftowym Rockefellerowi, jednak atmosfera wokół Standard Oil gęstniała. Ze wszystkich stron na biznes Rockefellera sypały się gromy: od konkurentów, przez polityków, po zwykłych Amerykanów. Nazywali Rockefellera „złodziejskim baronem", zarzucając jemu i innym magnatom przemysłowym zdobycie majątku w nieuczciwy, bezwzględny sposób. John był tym faktem przygnębiony. Postrzegał samego siebie jako „kapitana biznesu" – wizjonera i wręcz zbawcę branży naftowej, a nie jako rozbójnika. Tym bardziej, że był znakomitym pracodawcą. Dbał o swoich pracowników i płacił więcej niż konkurencja, a także nagradzał pomysły ulepszające prowadzenie przedsiębiorstwa, dzięki czemu firma nie doświadczała powszechnych w owym czasie strajków. Bezsenność, stres i walka o każdy segment firmy nadszarpnęły jego zdrowie. Wspominał w jednym z wywiadów: „Cały majątek, jaki zgromadziłem w tym czasie, nie był w stanie zrekompensować mi trwogi, jaką wtedy przeżywałem". W wieku niespełna 60 lat odszedł na emeryturę i zajął się działalnością charytatywną.

Prywatnie John D. Rockefeller był altruistą i człowiekiem pełnym empatii. Chęć pomocy innym wyniósł z domu. To matka nauczyła go pomagania słabszym i uboższym. Łączyło się to z jego wiarą, że przypisana jest mu przywódcza rola w społeczeństwie, co pojmował między innymi jako konieczność dzielenia się majątkiem z potrzebującymi. Rockefeller rozdawał swoje pieniądze za pośrednictwem swojego Kościoła i inwestował miliony w edukację.

Inwestycje w edukację mogą dziwić u człowieka, który miał minimalne formalne wykształcenie i oficjalnie mówił, że nie jest ono potrzebne do osiągnięcia sukcesu. Jednak wszystkie jego dzieci, a miał ich czworo (trzy córki: Elizabeth, Altę i Edith, oraz syna Johna Davisona Juniora), ukończyły najlepsze amerykańskie wyższe uczelnie. Był to rodzaj luksusu na jaki on jako młodzieniec nie mógł sobie pozwolić, więc chciał go zapewnić swoim potomkom.

W 1864 roku Rockefeller ożenił się z Laurą Spellman. Ich związek trwał 51 lat, do roku 1915, gdy Laura zmarła na zawał serca. Mieli pięcioro dzieci, lecz wieku dorosłego dożyła czwórka: Elizabeth, Alta, Edith i John Davison Junior. Urodzona w 1869 roku Alice zachorowała i zmarła rok później. Małżonkowie byli sobie bardzo bliscy. Rockefeller odbywał wiele podróży służbowych i znikał z domu na wiele dni, a nawet tygodni. Gdy czuł się samotny, pisał listy do Laury i dzieci. W jednym z nich, jak czytamy w książce Granta Segalla, pisał: „To dar niebios, że mam tak cudowną i kochającą żonę. Ile bym dał, aby przylecieć na skrzydłach i być z Tobą dziś wieczorem, Lauro…". Z natury nieufny John wielokrotnie ujawniał żonie swoje plany biznesowe i konsultował z nią swoje decyzje. „Jej ocena sytuacji zawsze była lepsza od mojej. Bez jej cennych porad dziś byłbym biednym człowiekiem" – mówił.

John D. Rockefeller zmarł 23 maja 1937 roku w wieku 98 lat. W dzieciństwie powiedział ponoć: „Mam dwa marzenia: pierwsze, by zarobić 100 tysięcy dolarów, a drugie, by dożyć 100 lat". Pierwsze zrealizował z nawiązką, a drugie prawie… Był typowym przykładem *self made man*, czyli człowieka, który samodzielnie tworzy swój los i zawdzięcza wszystko sobie. Uważał, że wykształcenie formalne nie jest potrzebne, a przynajmniej nie jest ono warunkiem sukcesu. Ponad wiedzę akademicką przedkładał ducha przedsiębiorczości oraz pracowitość i konsekwencję w dążeniu do realizacji celów zarówno w życiu prywatnym, jak i zawodowym. I chociaż w swojej działalności biznesowej był bezwzględny dla rynkowych konkurentów, nigdy nie zapominał o swoich pracownikach oraz osobach potrzebujących wsparcia. Na działalność charytatywną przekazywał 10 procent swoich dochodów, czyli w sumie ponad pół miliarda dolarów. Zawsze twierdził, że pracuje dla kraju i społeczeństwa, bo tak właśnie pojmował swoją rolę „nieformalnego arystokraty amerykańskiego".

KALENDARIUM:

8 lipca 1839 – narodziny Johna D. Rockefellera w Richford w stanie Nowy Jork
1853 – przeprowadzka z rodziną do Cleveland
1855 – John rozpoczyna swoją pierwszą pracę jako asystent księgowego w firmie Hewitt and Tuttle, pośredniczącej w handlu

1863 – John inwestuje swoje oszczędności w spółkę zarządzającą rafinerią w okolicach Cleveland

1864 – ślub z Laurą Spelman; ze związku urodzą się 4 córki (Elizabeth, Alice, Alta, Edith) i syn John Davison Junior; Alice umarła jako dziecko

1870 – John D. Rockefeller powołuje do życia Standard Oil i rozpoczyna budowę swojego naftowego imperium, skupując udziały w innych rafineriach w okolicach Cleveland; w ciągu dwóch dekad przejmie kontrolę nad amerykańskim rynkiem ropy naftowej; walczy z konkurencją na wszelkie możliwe sposoby, odnosząc spektakularne sukcesy

1880 – w rękach Rockefellera znajduje się 95 procent rynku produkcji ropy naftowej w Stanach Zjednoczonych; jego zakłady zatrudniają 100 000 pracowników; politycy, konkurenci i opinia społeczna zarzucają Rockefellerowi praktyki monopolistyczne

1884 – Rockefeller funduje Spelman Collage, uczelnię dla afroamerykańskich kobiet w Atlancie

1890 – Kongres USA przyjmuje ustawę antytrustową mającą przeciwdziałać monopolowi Standard Oil, na mocy której w 1911 roku koncern Rockefellera zmuszony zostaje przez Sąd Najwyższy do podziału na 34 mniejsze, odrębne firmy
1890 – Rockefeller przekazuje 80 milionów dolarów na budowę Uniwersytetu Chicagowskiego
1895 – przechodzi na emeryturę w wieku 56 lat i poświęca się całkowicie działalności charytatywnej; firmę przejmuje jego jedyny syn John D. Junior
1901 – Rockefeller tworzy i finansuje Uniwersytet Medyczny w Nowym Jorku, który w 1965 roku zostaje przemianowany na Uniwersytet Rockefellera
1913 – powstaje Fundacja Rockefellera wspierająca służbę zdrowia, rozwój medycyny i walkę z problemem głodu na świecie
1915 – umiera Laura, żona Johna
23 maja 1937 – John D. Rockefeller umiera w Ormond Beach na Florydzie w wieku 97 lat

CIEKAWOSTKI:

- Jako 16-latek John D. Rockefeller przekazywał 6 procent swoich dochodów na pomoc najuboższym. Wszystkie wydatki zapisywał w swoim notatniku, nawet kwoty wydane na kwiaty dla dziewczyny i romantyczną kolację! Gdy powodziło mu się nieco lepiej, około 20 roku życia na cele charytatywne przekazywał już 10 procent zarobków. Gdy zdobył wielki majątek, zdawał sobie sprawę z obowiązku, jaki ciąży na nim właśnie ze względu na bogactwo. Był przedstawicielem nowej arystokracji amerykańskiej, a w związku z tym wierzył, że przypada mu wyjątkowa rola w społeczeństwie. Postrzegał ją między innymi jako obowiązek dzielenia się majątkiem z potrzebującymi. Dlatego w 1884 roku ufundował uczelnię dla afroamerykańskich kobiet w Atlancie, która nosiła nazwę Spelman Collage (od nazwiska żony Rockefellera Laury Spelman). Przekazał 80 milionów dolarów na Uniwersytet w Chicago. Zbudował też

uczelnię medyczną w Nowym Jorku – Rockefeller Institute For Medical Research, która w 1965 roku została przemianowana na Uniwersytet Rockefellera. Budował szkoły oraz biblioteki.
- W drugiej połowie XIX wieku w USA była grupa takich ludzi jak John D. Rockefeller zwanych nową arystokracją amerykańską. Najczęściej wywodzili się oni z biednych rodzin i samodzielnie doszli do wielkich majątków. Nazywali siebie kapitanami biznesu.
- W ciągu 4 miesiecy 1874 roku Rockefeller, rozbudowując swoje naftowe imperium, wykupił 22 z 26 rafinerii ropy w okolicach Clieveland, ustanawiając tym samym monopol w przemyśle przetwórstwa ropy naftowej. Przejęcia były szybkie i bezwzględne, dlatego historycy nazwali je podbojem w Cleveland albo dosadniej: masakrą w Clevelend. Rockefeller składał swoim konkurentom tylko jedną ofertę finansową. Pokazywał przy tym swoje księgi finansowe, udowadniając swój potencjał. Większość nafciarzy sprzedawała mu swoje udziały.

Ci, którzy się nie zgadzali, byli zastraszani doprowadzeniem do bankructwa, a następnie wykupem ich udziałów przez Rockefellera za bezcen na aukcjach.
- Prezydent Roosevelt wystąpił z serią procesów sądowych przeciwko monopolistycznym działaniom Standard Oil, które w efekcie doprowadziły do rozbicia trustu na kilkadziesiąt mniejszych podmiotów gospodarczych.
- W Standard Oil prowadzono oszczędną gospodarkę surowcami. Wszelkie odpady, w tym również benzynę, wykorzystywano powtórnie. Kiedy inne firmy zatruwały rzeki odpadami, w Standard Oil wykorzystywano odpady benzynowe do napędzania maszyn. Działania te pozwoliły obniżyć koszty sprzedaży ropy, co miało pozytywny wpływ na cały rynek.
- Rockefeller przekazał swoim dzieciom wartości, jakimi kierował się w swoim życiu: szacunek dla ciężkiej pracy, kultywowanie więzi rodzinnych oraz potrzebę dzielenia się majątkiem ze społeczeństwem. Już po śmierci Johna jego syn podarował Organizacji Narodów

Zjednoczonych grunt w Nowym Jorku wart 8,5 miliona dolarów. Na nim zbudowano siedzibę ONZ.
- Przy grobowcu rodziny Rockefellerów na cmentarzu w Cleveland zbudowano pomniejszoną kopię iglicy z pomnika Jerzego Waszyngtona, pierwszego prezydenta USA. Być może John uważał, że jego wkład w rozwój gospodarki Stanów Zjednoczonych był równie istotny jak dokonania Waszyngtona na polu polityki.

CYTATY:

„Nie wystarczy postępować słusznie, trzeba jeszcze uświadomić ludziom, że się postępuje słusznie".

„Umiejętność postępowania z ludźmi jest takim samym towarem do kupienia jak cukier czy kawa i za ten towar jestem gotów płacić więcej niż za jakkolwiek inny".

"Zawsze starałem się wykorzystać każdą katastrofę jako szansę".

"Największym ograniczeniem w drodze do bogactwa jest sposób myślenia".

"Kto cały dzień ciężko pracuje, ten nie ma czasu zarabiać pieniędzy".

"Kto jest najbiedniejszy na ziemi? Ten, kto nie ma nic prócz pieniędzy".

ŹRÓDŁA I INSPIRACJE:

Wielka kariera Rockefellera, czyli spełniony sen, „Postacie XX wieku", red. Sławomir Szof, Polskie Radio, http://www.polskieradio.pl/39/156/Artykul/864010,Wielka-kariera-Rockefellera-czyli-spelniony-amerykanski-sen.
Biografia Rockefellera na History TV: http://www.historytv.pl/biographies/john-d-rockefeller.
Biografia Johna Davisona Rockefellera na biography.

com: http://www.biography.com/people/john-d--rockefeller-20710159.

Ron Chernow, *Titan. The Life of John D. Rockefeller, Sr*, Vintage Books, 1998.

Grant Segall, *John D. Rockefeller: Anointed with Oil*, Oxford University Press, 2001.

Zakończenie

Każdy z nas jest niepowtarzalny i wyjątkowy. Sylwetki 10 samouków przedsiębiorców pokazują, że człowiek jest w stanie osiągnąć niewiarygodne cele życiowe, jeśli będzie potrafił marzyć, wystarczy mu determinacji i twórczej radości z działania. Szkoda, że typowa szkoła, z którą najczęściej mamy do czynienia, do tego nie przygotowuje. Programy oderwane od rzeczywistości, dehumanizacja treści nauczania, założenie, że wszystkie dzieci w tym samym czasie muszą posiąść tę samą wiedzę i zdobyć te same umiejętności utrudniają tylko faktyczny rozwój. Kiedyś można było to uzasadnić brakiem innego powszechnego dostępu do wiedzy. Dziś jednak zapewnia go Internet. Postęp we wszystkich dziedzinach jest tak znaczny, że wiedza się dezaktualizuje, zanim trafi do programów szkolnych i podręczników. Ich twórcy nie bardzo potrafią odpowiedzieć na pytanie, dlaczego akurat taki, a nie inny fragment wiedzy mają poznawać uczniowie. I dlaczego nadal, mimo pozornych zmian, mają się uczyć metodami bardzo zbliżonymi do tych stosowanych w całym poprzednim stuleciu.

W niektórych krajach zrozumiano, że nauka powinna wyglądać zupełnie inaczej. Przykładem może być Finlandia. W tej chwili fińscy uczniowie wypadają najlepiej na świecie w pomiarach przyrostu wiedzy, mimo że na naukę poświęcają znacznie mniej czasu niż dzieci w innych krajach. Wdrożono tam siedem zasad wspomagających rozwój. Obowiązuje równość szkół, rodziców, nauczycieli, praw dorosłych i dzieci, przedmiotów, a przede wszystkim uczniów. Nie wolno porównywać żadnego ucznia z innym, bo porównywanie dzieli. Zasadą jest integracja. Każdy uczeń jest więc tak samo dobry, każdy ma tę samą wartość. Uczniom zapewnia się nie tylko bezpłatną naukę i transport do szkoły, ale i darmowe posiłki oraz wyposażenie. Do każdego ucznia podchodzi się indywidualnie. Program jest ten sam, podobny materiał, ale o różnym stopniu trudności. Oceniany jest w porównaniu do tego, co potrafił wczoraj, jednak jeśli nie zrobi postępu, nikomu to nie przeszkadza. Jest jednak coś jeszcze ważniejszego, coś, co zapewne pomogłoby opisywanym przez nas samoukom uniknąć wielu błędów. Szkoły fińskie przygotowują do życia (w przeciwieństwie do systemów, które przygotowują do zdawania egzaminów). Uczą wartości pieniądza, wiedzy na temat obowiązujących podatków czy praw obywatela. Uczniom się ufa, wierzy się, że każdy z nich potrafi dobrze wybrać, a więc jeśli nie chce czegoś zrobić, może wybrać temat, który interesuje go bardziej, albo na przykład czytać książkę. Ufa się też nauczycielom, którzy mają bardzo dużą swobodę w wyborze sposób nauczania. Czy uczeń w takich warunkach chce się uczyć, czy też nie – zostawia się jego wyborowi. Jeśli woli, zdobywa praktyczny zawód, nie musi tkwić latami w szkole, jeśli nie jest to zgodne z jego pomysłem na życie lub zdolnościami. Nie musi się też wstydzić powtarzania roku, bo nie jest to traktowane jak coś złego. Młodzi ludzie nie muszą wkuwać na pamięć regułek, mają się nauczyć rozwiązywania problemów na bazie wiedzy odnajdywanej w książkach lub Internecie. Najważniejszy jest cel: przygotować młodego człowieka do udanego życia, w którym nie będzie zależny od innych.

Trochę czuć w tym ducha szkół Montessori, których ideą jest podążanie za dzieckiem, tak by mogło rozwijać się zgodnie ze swymi potrzebami, by pozostało twórcze i radosne oraz przeniosło te cechy w dorosłe życie. To na razie brzmi utopijnie, ale skoro już są szkoły, a nawet całe państwa, które potrafią uczyć zgodnie z tymi zasadami, być może kiedyś powszechny będzie system szkolny, w którym każdy będzie „samoukiem", będzie rozwijał się na miarę swoich potrzeb, by w przyszłości realizować swoje własne cele, harmonijnie rozwijając wszystkie sfery życia: osobistą, rodzinną i zawodową, i pamiętając o tym, że najważniejsze są wartości duchowe. One bowiem pozwalają dostrzegać potrzeby drugiego człowieka, kształtować dobre relacje w rodzinie i prowadzić sprawiedliwy biznes.

Dodatek 1

Inspirujące cytaty

Wydaje mi się, że od dziecka miałem w sobie ciekawość świata i ludzi. Świadomie zacząłem prowadzić obserwacje i notować spostrzeżenia mniej więcej w piętnastym roku życia, kiedy wyprowadziłem się z domu rodzinnego do szkoły z internatem. Wtedy kupiłem pierwszy zeszyt do notowania moich przemyśleń. Teraz takich zeszytów mam całe mnóstwo. Często zapisywałem w nich inspirujące cytaty, których bogate źródło znalazłem w Biblii, a także w biografiach słynnych ludzi: odkrywców, wynalazców, naukowców i artystów. Najbliższe są mi te, które dotyczą sfery duchowej człowieka. Pomagały mi odkrywać prawdę o świecie i sensie życia. Wielokrotnie do nich wracam.

Na tej podstawie wyciągam wnioski i stawiam kolejne pytania, by uzyskać pełniejszy obraz sytuacji i wytyczać dalsze kierunki rozwoju. Zachęcam Cię do zapoznania się z 179 wybranymi cytatami które moim zdaniem uczą bycia mądrym.

John Quincy Adams

Jeśli twoja aktywność inspiruje innych, by więcej marzyć, więcej się uczyć, więcej działać i stawać się kimś więcej, to jesteś liderem. Odwaga i wytrwałość są magicznymi talizmanami, przed którymi trudności znikają, a przeszkody rozpływają się w powietrzu.

Jakub Alberion

Znajdujesz to, czego szukasz, umyka Ci to, co zaniedbujesz.

Archimedes

Dajcie mi odpowiednio długą dźwignię i wystarczająco mocną podporę, a sam jeden poruszę cały glob.

Arystoteles

Cnotę widać wyraźniej w czynach niż w ich braku. Przyjemność życia jest przyjemnością płynącą z ćwiczenia duszy; to jest bowiem prawdziwe życie. Staraj się żyć dobrze, czerp z życia zadowolenie. Jeśli jesteś mądry, a nie wątpię, że jesteś, nie goń za dobrami materialnymi. To marność! Dąż do doskonałości we wszystkim! Szczęśliwy jest ten, kto dobrze żyje i komu dobrze się dzieje.

Mary Kay Ash

Dasz sobie radę!

Augustyn

Nie wychodź na świat, wróć do siebie samego: we wnętrzu człowieka mieszka prawda.

Jane Austen

Taki powinien być młody człowiek. Obojętnie, czym by się nie zajmował, jego zapał nie powinien znać umiaru, a on sam zmęczenia.

Kenny Ausubel

Używaj swoich zdolności, jakiekolwiek są.

Richard Bach

Obstawaj przy swoich ograniczeniach, a z pewnością staną się częścią Ciebie samego.

Robert Baden-Powell

Nie chodzi o to, byśmy osiągnęli nasze najwyższe ideały, lecz o to, aby były one naprawdę wysokie.

Honoriusz Balzak

Prawdziwe szczęście jest rzeczą wysiłku, odwagi i pracy.

Tristan Bernard

Jeśli jesteś dobrą piłką, to im silniej Cię uderzą, tym wyżej się wzniesiesz.

Biblia (Dz 20:35):

Więcej szczęścia jest w dawaniu aniżeli w braniu.

Biblia (Flp 4:8):

W końcu, bracia, wszystko, co jest prawdziwe, co godne, co sprawiedliwe, co czyste, co miłe, co zasługuje na uznanie: jeśli jest jakąś cnotą i czynem chwalebnym – to miejcie na myśli.

Biblia (Ga 6:9):

W czynieniu dobra nie ustawajmy, bo gdy pora nadejdzie, będziemy zbierać plony, o ile w pracy nie ustaniemy.

Biblia (Hbr 11:1–10):

Wiara jest poręką tych dóbr, których się spodziewamy, dowodem tych rzeczywistości, których nie widzimy.

Biblia (Łk 14:28):

Kto z Was, chcąc zbudować wieżę, nie usiądzie wpierw i nie obliczy wydatków, czy ma na jej wykończenie.

Biblia (Mt 17:20):

Jeśli będziecie mieć wiarę jak ziarnko gorczycy, powiecie tej górze: „Przesuń się stąd tam!", a przesunie się. I nic niemożliwego nie będzie dla Was.

Biblia (Prz 12:18):

Język mądrych jest lekarstwem.

Biblia (Prz 16:23-24):

Od serca mądrego i usta mądrzeją, przezorność na wargach się mnoży. Dobre słowa są plastrem miodu, słodyczą dla gardła, lekiem dla ciała.

Biblia (Prz 17:22):

Radość serca wychodzi na zdrowie, duch przygnębiony wysusza kości.

Biblia (Psalm I ks. I Dwie drogi życia):

Szczęśliwy mąż, który nie idzie za radą występnych, nie wchodzi na drogę grzeszników i nie siada w kole szyderców, lecz ma upodobanie w prawie Pana, nad jego prawem rozmyśla dniem i nocą. Jest on jak drzewo zasadzone nad płynącą wodą, które wydaje owoc w swoim czasie, a liście jego nie więdną: co uczyni, pomyślnie wypada.

Biblia (Rz 12:15,16):

Weselcie się z tymi, którzy się weselą. Płaczcie z tymi, którzy płaczą. Bądźcie zgodni we wzajemnych uczuciach.

Biblia (Prz 15:14):

Serce rozważne szuka mądrości.

Napoleon Bonaparte

Tak samo jak pojedynczy krok nie tworzy ścieżki na ziemi, tak pojedyncza myśl nie stworzy ścieżki w Twoim umyśle. Prawdziwa ścieżka powstaje, gdy chodzimy po niej wielokrotnie. Aby stworzyć głęboką ścieżkę mentalną, potrzebne jest wielokrotne powtarzanie myśli, które mają zdominować nasze życie.

Phil Bosmans

Dziecko jest chodzącym cudem. Jedynym, wyjątkowym, niezastąpionym. Uzdrowić człowieka oznacza oddać mu utraconą odwagę.

Wykorzystaj dzień dzisiejszy. Obiema rękoma obejmij go. Przyjmij ochoczo, co niesie ze sobą: światło, powietrze i życie, jego uśmiech, płacz i cały cud tego dnia. Wyjdź mu naprzeciw.

Nathaniel Branden

Jeżeli żyjemy świadomie, nie wyobrażamy sobie, że nasze odczucia nieomylnie wskazują prawdę.

Pearl Buck

Są ludzie, którzy nie zauważają małego szczęścia, ponieważ daremnie czekają na duże.

Orson Scott Card

Co innego słyszeć, a co innego słuchać...

Dale Carnegie

Szczęście nie przychodzi z zewnątrz. Zależy od tego, co jest w nas samych. Większość rzeczy na tym świecie stworzona została przez ludzi, którzy wytrwali, gdy zdawało się, że nie ma już nadziei.

Winston Churchill

Ciągłe podejmowanie wysiłku, a nie siła czy inteligencja, jest kluczem do wyzwolenia naszego potencjału. Jestem optymistą. Bycie kimkolwiek innym nie wydaje się do czegokolwiek przydatne.

Nigdy, nigdy, nigdy się nie poddawaj.

Pesymista szuka przeciwności w każdej okazji. Optymista widzi okazję w każdej przeciwności.

Sukces polega na tym, by iść od porażki do porażki, nie tracąc entuzjazmu.

Arthur Charles Clarke

Jedyny sposób, by odkryć granice możliwości, to przekroczyć je i sięgnąć po niemożliwe.

Paulo Coelho

Emocje są jak dzikie konie i potrzeba wielkiej mądrości, by je okiełznać.

Świat należy do ludzi, którzy mają odwagę marzyć i ryzykować, aby spełniać swoje marzenia. I starają się robić to jak najlepiej.

Odważni są zawsze uparci.

To możliwość spełnienia marzeń sprawia, że życie jest tak fascynujące.

Tylko jedno może unicestwić marzenie. Strach przed porażką.

John Calvin Coolidge

Nic na świecie nie zastąpi wytrwałości. Nie zastąpi jej talent – nie ma nic powszechniejszego niż ludzie utalentowani, którzy nie odnoszą sukcesów. Nie uczyni niczego sam geniusz – nienagradzany geniusz to już prawie przysłowie. Nie uczyni niczego też samo wykształcenie – świat jest pełen ludzi wykształconych, o których zapomniano. Tylko wytrwałość i determinacja są wszechmocne.

John Cummuta

Kiedy poddasz się swojej wizji, sukces zaczyna Cię gonić.

Antoni Czechow

Człowiek jest tym, w co wierzy.

Chris Darimont

Duża część postępu w nauce była możliwa dzięki ludziom niezależnym lub myślącym nieco inaczej.

Maria Dąbrowska

Pismo i sztuka to jedyni świadkowie czasów.

Margaret Deland

Trzeba czegoś pragnąć, żeby żyć.

Benjamin Disraeli

Największym szczęściem jest poczucie sensu życia.

John Dryden

Najpierw sami tworzymy własne nawyki, potem nawyki tworzą nas.

Marie Ebner-Eschenbach

Zrozumienie sięga często dalej niż rozum.

Thomas Edison

Gdybyśmy robili wszystkie rzeczy, które jesteśmy w stanie zrobić, wprawilibyśmy się w ogromne zdumienie.

Największą słabością jest poddawanie się. Najpewniejszą drogą do sukcesu jest próbowanie po prostu jeszcze jeden raz.

Nie poniosłem porażki. Po prostu odkryłem dziesięć tysięcy błędnych rozwiązań!

Pewnego dnia zaprzęgniemy do pracy przypływy i odpływy, uwięzimy promienie słońca.

Albert Einstein

Dobro człowieka musi zawsze stanowić najważniejszy cel wszelkiego postępu technicznego.

Najpiękniejsza rzecz, jakiej możemy doświadczyć, to oczarowanie tajemnicą.

Nie staraj się być człowiekiem sukcesu, lecz człowiekiem wartościowym.

Nigdy nie trać świętej ciekawości. Kto nie potrafi pytać, nie potrafi żyć.

Osobowość kształtuje się nie poprzez piękne słowa, lecz pracą i własnym wysiłkiem.

Ważne jest, by nigdy nie przestać pytać. Ciekawość nie istnieje bez przyczyny.

Życie można przeżyć na dwa sposoby: albo tak, jakby nic nie było cudem, albo tak, jakby cudem było wszystko.

Ralph Waldo Emerson

Bohater nie jest odważniejszy od zwykłego człowieka, ale jest odważny pięć minut dłużej.

By nakreślić kurs działania i zrealizować go do końca, potrzeba Ci odwagi żołnierza.

Prawdziwa siła zrozumienia polega na niedopuszczeniu do tego, by coś, czego nie wiemy, krępowało to, co wiemy.

Epikur

Chcesz być szczęśliwy? Czytaj księgi! Poznawaj poglądy mądrych tego świata! Doceniaj piękno! Ciesz się każdą chwilą bez cierpienia!

Nie ma życia przyjemnego, które by nie było rozumne, moralnie podniosłe i sprawiedliwe, ani też życia rozumnego, moralnie podniosłego i sprawiedliwego, które by nie było przyjemne.

Nie można żyć szczęśliwie, nie żyjąc godnie, moralnie i uczciwie.

Michael Faraday

Nic nie jest zbyt piękne, aby mogło być prawdziwe.

Alexander Fleming

Narodziny nowego poprzedza zazwyczaj jakieś banalne wydarzenie. Newton spostrzegł spadające jabłko, James Watt zaobserwował, jak woda kipi w kociołku, Roentgenowi zmętniała klisza fotograficzna. Ale wszyscy ci ludzie mieli wiedzę tak rozległą, że umieli z banalnych zdarzeń wycią-gnąć rewelacyjne wnioski.

Raoul Follereau

Na co się przydaje wiedza, jeśli nie służy człowiekowi?

Henry Ford

Nie ma rzeczy niemożliwych, są tylko te trudniejsze do wykonania.

Terry Fox

To drożdże, dzięki którym nadzieje wznoszą się do gwiazd. Entuzjazm jest błyskiem oka, sprężystością kroku, uściskiem dłoni, nieodpartym przepływem woli i energii potrzebnej do realizacji najśmielszych pomysłów. Entuzjaści to wojownicy, których cechuje hart ducha i trwałe wartości. Entuzjazm stanowi podstawę postępu. Dzięki niemu możliwe są osiągnięcia, bez niego pozostaje tylko alibi.

Anatol France

Marzenia możesz zrealizować, jeśli tylko spróbujesz to zrobić.

Aby osiągnąć wspaniałe rzeczy musimy marzyć tak samo dobrze, jak działać.

By dokonać wielkich dzieł, powinniśmy nie tylko planować, ale również wierzyć.

W miarę jak się starzejemy, odkrywamy, że najrzadsza jest odwaga myślenia.

Benjamin Franklin

Silny jest ten, kto potrafi przezwyciężyć swe szkodliwe przyzwyczajenia.

Anna Freud

Siły i wiary w siebie poszukiwałam zawsze gdzieś poza sobą, a one pochodzą z mojego wnętrza. Cały czas są we mnie.

Erich Fromm

Szczęście to coś, co każdy z nas musi wypracować dla samego siebie.

Gail Godwin

Nikt z nas nie staje się kimś nagle, w jeden dzień. Przygotowania do tego trwają przez całe nasze życie.

Johann Wolfgang Goethe

Biorąc pod uwagę wszystkie akty tworzenia, odkrywa się jedną elemen-tarną prawdę: gdy się czemuś prawdziwie poświęcamy, wspiera nas Opatrzność.

Człowiek, który zyska i zachowa władzę nad sobą, dokona rzeczy największych i najtrudniejszych.

Myślenie jest ważniejsze niż wiedza, ale nie ważniejsze niż obserwacja.

Potykając się, można zajść daleko, nie wolno tylko upaść i nie podnieść się.

Mikołaj Gogol

Trzeba mieć w sobie wiele miłości, aby nasza krytyka skierowana przeciwko innemu człowiekowi wyszła mu na dobre.

Władysław Grabski

Trzeba, by autorytet wypłynął z wartości moralnych i intelektualnych, wtedy tylko jest on trwałym i poważnym.

DAVID GRAYSON

Jakże wielu ludzi, którzy wyprawiają się w poszukiwaniu szczęścia, nie zauważa, że ono czeka na ganku ich domu.

TRYGVE GULBRANSSEN

Pieniądz wiele żąda od swego właściciela – zabierze mu nawet duszę, jeśli nie będzie na siebie uważał.

ADOLF HARNACK

Nic bardziej nie wzmacnia człowieka niż okazane mu zaufanie.

Nic bardziej nie wzmacnia człowieka niż okazane mu zaufanie.

HERMANN HESSE

Istnieją miliony oblicz prawdy, ale prawda jest tylko jedna.

Jaki sens miałoby pisanie, gdyby nie stała za nim wola prawdy.

Hi-cy-Czuan

Naucz się znajdować radość w życiu – to najlepszy sposób przyciągnięcia szczęścia.

Napoleon Hill

Wiara nakierowana na odniesienie sukcesu nada siłę każdej Twojej myśli.

Paul Holbach

Aby być szczęśliwym, trzeba pragnąć, działać i pracować, taki jest porządek przyrody, której życie polega na działaniu.

Ciesz się z podróży.

Oliver Holmes

Tylko wiara i entuzjazm sprawiają, że warto żyć.

Albert Jacquard

Zdolność myślenia nie zna granic.

Margo Jones

Odrobina wiary jest warunkiem powodzenia każdego przedsięwzięcia.

Erica Jong

Zaakceptowałam strach jako nieodłączną część życia – szczególnie strach przed zmianami. Idę naprzód mimo walenia serca, które mówi: zawróć.

Joseph Joubert

Dzieci potrzebują bardziej dobrego przykładu niż krytyki.

Kartezjusz

Myślę, więc jestem.

Erich Kästner

Można wyjść od jakiegoś punktu, ale nie można na nim spocząć.

Helen Keller

Gdy zamykają się jedne drzwi do szczęścia, otwierają się inne, ale my patrzymy na pierwsze drzwi tak długo, że nie widzimy tych drugich.

Możemy zrealizować każde zamierzenie, jeśli potrafimy trwać w nim wystarczająco długo.

Życie albo jest śmiałą przygodą, albo nie jest życiem. Nie lękać się zmian, a w obliczu kapryśności losu zachowywać hart ducha – oto siła nie do pokonania.

Johannes Kepler

Radość jest potrzebą, siłą i wartością życia.

Karol Kettering

Obchodzi mnie przyszłość, bo zamierzam spędzić w niej resztę życia.

Problem dobrze ujęty, to w połowie rozwiązany.

Antoni Kępiński

Dziecko, bawiąc się, doznaje po raz pierwszy w życiu radości twórcy i władcy.

W miarę dojrzewania uczuciowego wzrasta potrzeba dawania.

Jan Amos Komeński

Kto się o mądrość ubiega, ten księgi miłować winien nad srebro i złoto.

John Kotter

Większość ludzi nie prowadzi swojego życia. Oni je tylko akceptują.

Roger L'Estrange

To nie miejsce ani spełnienie jakiegoś warunku, ale sam umysł jest tym, co może uczynić każdego szczęśliwym lub nieszczęśliwym.

Leonardo da Vinci

Trzeba kontemplować i dużo myśleć. Kto mało myśli, ten dużo traci.

Abraham Lincoln

Ludzie są na tyle szczęśliwi, na ile sobie pozwolą nimi być.

Moim problemem nie jest, czy Bóg jest po naszej stronie. Moim największym zmartwieniem jest, czy my jesteśmy po stronie Boga. Bo Bóg ma zawsze rację!

Mike Litman

Człowiek rodzi się po to, by wieść nadzwyczajne życie, robić nadzwyczajne rzeczy i pomóc nadzwyczajnej liczbie ludzi.

Lope de Vega

Postęp to znaczy lepsze, a nie tylko nowe.

Tylko przykład jest zaraźliwy.

John Mansfield

Człowiek składa się z ciała, umysłu i wyobraźni. Jego ciało jest niedoskonałe, jego umysł zawodny, ale jego wyobraźnia czyni go znakomitym.

Marek Aureliusz

Najtrudniej jest dotrzeć do samego siebie.

Zawsze masz możność żyć szczęśliwie, jeśli pójdziesz dobrą drogą i zechcesz dobrze myśleć i czynić. A szczęśliwy to ten, kto los szczęśliwy sam sobie przygotował. A los szczęśliwy to dobre drganie duszy, dobre skłonności, dobre czyny.

John Mason

Potrzeba młotka wytrwałości, by wbić gwóźdź sukcesu.

John McCain

Zacznij od tego, żeby mieć odwagę. Reszta przyjdzie sama.

Anthony de Mello

Jeśli jesteś nieszczęśliwy, to dlatego, że cały czas myślisz raczej o tym, czego nie masz, zamiast koncentrować się na tym, co masz w danej chwili.

Leroy „Roy" Milburn

Wytrwałość jest tym dla ludzi, czym drożdże dla chleba i ciasta.

Monteskiusz

Im mniej ludzie mówią, tym więcej myślą.

Reinhold Niebuhr

Boże, daj mi tę łaskę, bym przyjął to, czego nie mogę zmienić. Daj odwagę, bym zmieniał to, co zmienić mogę. I mądrość, bym odróżnił jedno od drugiego.

Earl Nightingale

Nie pozwól, by obawa o to, ile czasu zajmie osiągnięcie czegoś, przeszkodziła Ci w zrobieniu tego. Czas i tak upłynie, można więc równie dobrze wykorzystać go w najlepszy możliwy sposób.

Borys Pasternak

Nigdy w żadnym wypadku nie wolno wpadać w rozpacz. Mieć nadzieję i działać – oto nasz obowiązek w nieszczęściu.

Odwaga góry przenosi.

Ludwik Pasteur

Moja siła leży w nieustępliwości.

Norman Vincent Peale

Entuzjazm zmienia wszystko.

Platon

Doświadczenie pozwala nam kierować własnym życiem wedle zasad sztuki, brak doświadczenia rzuca nas na igraszkę losu.

Myśleć to, co prawdziwe, czuć to, co piękne, i kochać, co dobre.

Jules Henri Poincaré

Wiedzę buduje się z faktów, jak dom z kamienia; ale zbiór faktów nie jest wiedzą, jak stos kamieni nie jest domem.

Alexander Pope

Najlepiej znoszą krytykę ci, którzy najbardziej zasługują na pochwałę.

Anthony Robbins

Determinacja jest wyzwaniem budzącym ludzką wolę.

Eleanor Roosevelt

Bez Twojego pozwolenia nikt nie może sprawić, że poczujesz się gorszy.

Jan Jakub Rousseau

Prawdziwa grzeczność polega na wyrażaniu życzliwości.

Rośliny uszlachetnia się przez uprawę, ludzi – przez wychowanie.

Joanne K. Rowling

Liczy się nie to, kim się ktoś urodził, ale kim wybrał, by być.

Bertrand Russell

Pewne rzeczy są dla większości ludzi niezbędnym warunkiem szczęścia, ale są to rzeczy proste: pożywienie, dach nad głową, zdrowie, miłość, powodzenie w pracy i szacunek otoczenia.

Życie szczęśliwe jest w niezwykłym stopniu identyczne z życiem wartościowym.

William Saroyan

Dziecko poszukuje dziecka w każdym, kogo spotka. Jeśli znajdzie je w dorosłym, podoba mu się ta osoba bardziej niż inne.

Antoine de Saint-Exupéry

Będziemy szczęśliwi dopiero wtedy, gdy uświadomimy sobie nasze zadanie, choćby najskromniejsze. Wtedy dopiero będziemy mogli spokojnie żyć i spokojnie umierać, gdyż to, co nadaje sens życiu, nadaje sens także śmierci.

Andrzej Sapkowski

Jeśli cel przyświeca, sposób musi się znaleźć.

José Saramago

Nigdy się nie dowiemy, do jakiego stopnia nasze życie uległoby zmianie, gdyby pewne usłyszane i niezrozumiane zdania zostały zrozumiane.

Jean-Paul Sartre

Każdy musi odkryć swoją własną drogę.

Éric-Emmanuel Schmitt

Każdy związek jest domem, do którego klucze znajdują się w rękach mieszkańców.

Albert Schweitzer

Ten, kto ma odwagę oceniać siebie samego, staje się coraz lepszy.

Seneka Młodszy

Najwyższym dobrem jest duch, gardzący przypadkowymi dobrami, rozradowany cnotą, albo ściślej, niepokonana siła ducha, doświadczona we wszystkim, łagodna w czynach, delikatna w obejściu z innymi.

Nie rozglądaj się za szczęściem, bo w ten sposób go nie zobaczysz. Ono jest w Tobie i tylko w Tobie samym!

Wierz mi, prawdziwa radość jest rzeczą poważną.

Seneka Starszy

Dwie rzeczy dają duszy największą siłę: wierność prawdzie i wiara w siebie.

Prawdę należy mówić tylko temu, kto chce jej słuchać.

George Bernard Shaw

Ideały są jak gwiazdy. Jeśli nawet nie możemy ich osiągnąć, to należy się według nich orientować.

Richard B. Sheridan

Najpewniejszym sposobem na uniknięcie porażki jest determinacja, by osiągnąć sukces.

Maria Skłodowska-Curie

Jeśli to zajmie sto lat, to trudno, ale nie przestanę pracować tak długo, jak żyję.

SOKRATES

Mądrość zależy od trzech rzeczy: osobowości, wiedzy, samokontroli.

WILLIAM SZEKSPIR

O ileż lepiej płakać z radości niż znajdować radość w płaczu.

AMY TAN

Kiedy piszesz, musisz zebrać w jeden strumień wszystkie swobodne prądy serca.

WŁADYSŁAW TATARKIEWICZ

Aby człowiek mógł być zadowolony z życia, jednym z najistotniejszych warunków jest, aby był przekonany, że ma ono jakiś sens, jakąś wartość.

Do szczęścia należą dwie rzeczy: wieść życie, z którego jest się zadowolonym, i być zadowolonym z życia, które się wiedzie.

Od człowieka zależy, czy przeszkody, jakie ma w życiu, będą mu dokuczać więcej czy mniej lub też wcale nie będą dlań przeszkodami.

Carol Anne Tavris, Elliot Aronson

Nasze dobre uczynki mogą tworzyć spiralę życzliwości i współczucia – „błędne koło dobroci".

Henry David Thoreau

Chciałbym, ażeby każdy z wielkim staraniem wybrał własną drogę i szedł naprzód właśnie nią, zamiast drogą ojca, matki czy sąsiada.

Nic nie dodaje odwagi bardziej niż niekwestionowana zdolność człowieka do podźwignięcia własnego życia poprzez świadome działanie.

Paul Tillich

Męstwo, w połączeniu z mądrością, zawiera umiarkowanie człowieka w stosunku do siebie oraz sprawiedliwość w stosunku do innych.

Józef Tischner

Dzięki swoim wolnym decyzjom, dzięki odczuwanym wartościom, dzięki tysiącom podjętych czynności człowiek nieustannie tworzy samego siebie.

Brian Tracy

Twoje życie staje się lepsze, tylko kiedy Ty stajesz się lepszy.

Twój charakter jest Twoim najważniejszym atutem, dlatego powinieneś pracować nad sobą przez całe życie.

Mark Twain

Aby zerwać z nawykiem, wyrób sobie inny, który go wymaże.

Spraw, aby każdy dzień miał szansę stać się najpiękniejszym dniem Twego życia.

Jan Twardowski

Aby żyć w zgodzie z innymi, człowiek musi najpierw pogodzić się z samym sobą.

Wielkie dzieło nawrócenia świata rozpoczyna się od małych nieraz wysiłków, od budowania zgody w naszych rodzinach, parafiach, w środowiskach pracy.

Wergiliusz

Ludzie potrafią, gdyż sądzą, że potrafią.

Paul Zulehner

Kto nie ma odwagi do marzeń, nie będzie miał siły do walki.

Przysłowie angielskie:

Aby być szczęśliwym, trzeba pragnąć, działać i pracować, taki jest porządek przyrody, której życie polega na działaniu.

Przysłowie japońskie:

Ten jest ubogi, kto nie odczuwa zadowolenia.

Napis na budynku Williams College w Williamstown (USA):

Pnij się wysoko – Twoją metą niebo, Twoim celem gwiazda.

Dodatek 2

Książki, które rozwijają i inspirują

Albright M., Carr C., *Największe błędy menedżerów*, Warszawa 1997.
Allen B.D., Allen W.D., *Formuła 2+2. Skuteczny coaching*, Warszawa 2006.
Anderson Ch., *Za darmo: przyszłość najbardziej radykalnej z cen*, Kraków 2011.
Anthony R., *Pełna wiara w siebie*, Warszawa 2005.
Ariely D., *Zalety irracjonalności. Korzyści z postępowania wbrew logice w domu i pracy*, Wrocław 2010.
Bates W.H., *Naturalne leczenie wzroku bez okularów*, Katowice 2011.

Bettger F., *Jak umiejętnie sprzedawać i zwielokrotnić dochody*, Warszawa 1995.

Blanchard K., Johnson S., *Jednominutowy menedżer*, Konstancin-Jeziorna 1995.

Blanchard K., O'Connor M., *Zarządzanie poprzez wartości*, Warszawa 1998.

Bogacka A.W., *Zdrowie na talerzu*, Białystok 2008.

Bollier D., *Mierzyć wyżej. Historie 25 firm, które osiągnęły sukces, łącząc skuteczne zarządzanie z realizacją misji społecznych*, Warszawa 1999.

Bond W.J., *199 sytuacji, w których tracimy czas, i jak ich uniknąć*, Gdańsk 1995.

Bono E. de, *Dziecko w szkole kreatywnego myślenia*, Gliwice 2010.

Bono E. de, *Sześć kapeluszy myślowych*, Gliwice 2007.

Bono E. de, *Sześć ram myślowych*, Gliwice 2009.

Bono E. de, *Wodna logika. Wypłyń na szerokie wody kreatywności*, Gliwice 2011.

Bossidy L., Charan R., *Realizacja. Zasady wprowadzania planów w życie*, Warszawa 2003.

Branden N., *Sześć filarów poczucia własnej wartości*, Łódź 2010.

Branson R., *Zaryzykuj – zrób to! Lekcje życia*, Warszawa-Wesoła 2012.

Brothers J., Eagan E, *Pamięć doskonała w 10 dni*, Warszawa 2000.

Buckingham M., *To jedno, co powinieneś wiedzieć... o świetnym zarządzaniu, wybitnym przywództwie i trwałym sukcesie osobistym*, Warszawa 2006.

Buckingham M., *Wykorzystaj swoje silne strony. Użyj dźwigni swojego talentu*, Waszawa 2010

Buckingham M., Clifton D.O., *Teraz odkryj swoje silne strony*, Warszawa 2003.

Butler E., Pirie M., *Jak podwyższyć swój iloraz inteligencji?*, Gdańsk 1995.

Buzan T., *Mapy myśli*, Łódź 2008.

Buzan T., *Pamięć na zawołanie*, Łódź 1999.

Buzan T., *Podręcznik szybkiego czytania*, Łódź 2003.

Buzan T., *Potęga umysłu. Jak zyskać sprawność fizyczną i umysłową: związek umysłu i ciała*, Warszawa 2003.

Buzan T., Dottino T., Israel R., *Zwykli ludzie – liderzy. Jak maksymalnie wykorzystać kreatywność pracowników*, Warszawa 2008.

Carnegie D., *I ty możesz być liderem*, Warszawa 1995.

Carnegie D., *Jak przestać się martwić i zacząć żyć*, Warszawa 2011.

Carnegie D., *Jak zdobyć przyjaciół i zjednać sobie ludzi*, Warszawa 2011.

Carnegie D., *Po szczeblach słowa. Jak stać się doskonałym mówcą i rozmówcą*, Warszawa 2009.

Carnegie D., Crom M., Crom J.O., *Szkoła biznesu. O pozyskiwaniu klientów na zawsze*, Warszawa 2003

Cialdini R., *Wywieranie wpływu na ludzi*, Gdańsk 1998.

Clegg B., *Przyspieszony kurs rozwoju osobistego*, Warszawa 2002.

Cofer C.N., Appley M.H., *Motywacja: teoria i badania*, Warszawa 1972.

Cohen H., *Wszystko możesz wynegocjować. Jak osiągnąć to, co chcesz*, Warszawa 1997.

Covey S.R., *3. rozwiązanie*, Poznań 2012.

Covey S.R., *7 nawyków skutecznego działania*, Poznań 2007.

Covey S.R., *8. nawyk*, Poznań 2006.
Covey S.R., Merrill A.R., Merrill R.R., *Najpierw rzeczy najważniejsze*, Warszawa 2007.
Craig M., *50 najlepszych (i najgorszych) interesów w historii biznesu*, Warszawa 2002.
Csikszentmihalyi M., *Przepływ: psychologia optymalnego doświadczenia*, Wrocław 2005.
Davis R.C., Lindsmith B., *Ludzie renesansu: umysły, które ukształtowały erę nowożytną*, Poznań 2012.
Davis R.D., Braun E.M., *Dar dysleksji. Dlaczego niektórzy zdolni ludzie nie umieją czytać i jak mogą się nauczyć*, Poznań 2001.
Dearlove D., *Biznes w stylu Richarda Bransona. 10 tajemnic twórcy megamarki*, Gdańsk 2009.
DeVos D., *Podstawy wolności. Wartości decydujące o sukcesie jednostek i społeczeństw*, Konstancin-Jeziorna 1998.
DeVos R.M., Conn Ch.P., *Uwierz! Credo człowieka czynu, współzałożyciela Amway Corporation, hołdującego zasadom, które uczyniły Amerykę wielką*, Warszawa 1994.

Dixit A.K., Nalebuff B.J., *Myślenie strategiczne. Jak zapewnić sobie przewagę w biznesie, polityce i życiu prywatnym*, Gliwice 2009.

Dixit A.K., Nalebuff B.J., *Sztuka strategii. Teoria gier w biznesie i życiu prywatnym*, Warszawa 2009.

Dobson J., *Jak budować poczucie wartości w swoim dziecku*, Lublin 1993.

Doskonalenie strategii (seria *Harvard Bussines Review*), praca zbiorowa, Gliwice 2006.

Dryden G., Vos J., *Rewolucja w uczeniu*, Poznań 2000.

Dyer W.W., *Kieruj swoim życiem*, Warszawa 2012.

Dyer W.W., *Pokochaj siebie*, Warszawa 2008.

Edelman R.C., Hiltabiddle T.R., Manz Ch.C., *Syndrom miłego człowieka*, Gliwice 2010.

Eichelberger W., Forthomme P., Nail F., *Quest. Twoja droga do sukcesu. Nie ma prostych recept na sukces, ale są recepty skuteczne*, Warszawa 2008.

Enkelmann N.B., *Biznes i motywacja*, Łódź 1997.

Eysenck H. i M., *Podpatrywanie umysłu. Dlaczego ludzie zachowują się tak, jak się zachowują?*, Gdańsk 1996.

Ferriss T., *4-godzinny tydzień pracy. Nie bądź płatnym niewolnikiem od 7.00 do 17.00*, Warszawa 2009.

Flexner J.T., *Washington. Człowiek niezastąpiony*, Warszawa 1990.

Forward S., Frazier D., *Szantaż emocjonalny: jak obronić się przed manipulacją i wykorzystaniem*, Gdańsk 2011.

Frankl V.E., *Człowiek w poszukiwaniu sensu*, Warszawa 2009.

Frankl V.E., *Wola sensu*, Warszawa 2010.

Fraser J.F., *Jak Ameryka pracuje*, Przemyśl 1910.

Freud Z., *Wstęp do psychoanalizy*, Warszawa 1994.

Fromm E., *Mieć czy być*, Poznań 2009.

Fromm E., *Niech się stanie człowiek. Z psychologii etyki*, Warszawa 2005.

Fromm E., *O sztuce miłości*, Poznań 2002.

Fromm E., *O sztuce słuchania. Terapeutyczne aspekty psychoanalizy*, Warszawa 2002.

Fromm E., *Serce człowieka. Jego niezwykła zdolność do dobra i zła*, Warszawa 2000.

Fromm E., *Ucieczka od wolności*, Warszawa 2001.

Fromm E., *Zerwać okowy iluzji*, Poznań 2000.

Galloway D., *Sztuka samodyscypliny*, Warszawa 1997.

Gardner H., *Inteligencje wielorakie – teoria w praktyce*, Poznań 2002.

Gawande A., *Potęga checklisty: jak opanować chaos i zyskać swobodę w działaniu*, Kraków 2012.

Gelb M.J., *Leonardo da Vinci odkodowany*, Poznań 2005.

Gelb M.J., Miller Caldicott S., *Myśleć jak Edison*, Poznań 2010.

Gelb M.J., *Myśleć jak geniusz*, Poznań 2004.

Gelb M.J., *Myśleć jak Leonardo da Vinci*, Poznań 2001.

Giblin L., *Umiejętność postępowania z innymi…*, Kraków 1993.

Girard J., Casemore R., *Pokonać drogę na szczyt*, Warszawa 1996.

Glass L., *Toksyczni ludzie*, Poznań 1998.

Godlewska M., *Jak pokonałam raka*, Białystok 2011.

Godwin M., *Kim jestem? 101 dróg do odkrycia siebie*, Warszawa 2001.

Goleman D., *Inteligencja emocjonalna*, Poznań 2002.

Gordon T., *Wychowywanie bez porażek szefów, liderów, przywódców*, Warszawa 1996.

Gorman T., *Droga do skutecznych działań. Motywacja*, Gliwice 2009.

Gorman T., *Droga do wzrostu zysków. Innowacja*, Gliwice 2009.

Greenberg H., Sweeney P., *Jak odnieść sukces i rozwinąć swój potencjał*, Warszawa 2007.

Habeler P., Steinbach K., *Celem jest szczyt*, Warszawa 2011.

Hamel G., Prahalad C.K., *Przewaga konkurencyjna jutra*, Warszawa 1999.

Hamlin S., *Jak mówić, żeby nas słuchali*, Poznań 2008.

Heinrich Bernd, *Wieczne życie. O zwierzęcej formie śmierci*, Wołowiec 2014.

Hill N., *Klucze do sukcesu*, Warszawa 1998.

Hill N., *Magiczna drabina do sukcesu*, Warszawa 2007.

Hill N., *Myśl!... i bogać się. Podręcznik człowieka interesu*, Warszawa 2012.

Hill N., *Początek wielkiej kariery*, Gliwice 2009.

Ingram D.B., Parks J.A., *Etyka dla żółtodziobów, czyli wszystko, co powinieneś wiedzieć o...*, Poznań 2003.

Jagiełło J., Zuziak W. [red.], *Człowiek wobec wartości*, Kraków 2006.

James W., *Pragmatyzm*, Warszawa 2009.

Jamruszkiewicz J., *Kurs szybkiego czytania*, Chorzów 2002.

Johnson S., *Tak czy nie. Jak podejmować dobre decyzje*, Konstancin-Jeziorna 1995.

Jones Ch., *Życie jest fascynujące*, Konstancin-Jeziorna 1993.

Kanter R.M., *Wiara w siebie. Jak zaczynają się i kończą dobre i złe passy*, Warszawa 2006.

Keller H., *Historia mojego życia*, Warszawa 1978.

King Barbara J., *Osobowość na talerzu*, Warszawa 2017.

Kirschner J., *Zwycięstwo bez walki. Strategie przeciw agresji*, Gliwice 2008.

Koch R., *Zasada 80/20. Lepsze efekty mniejszym nakładem sił i środków*, Konstancin-Jeziorna 1998.

Kopmeyer M.R., *Praktyczne metody osiągania sukcesu*, Warszawa 1994.
Ksenofont, *Cyrus Wielki. Sztuka zwyciężania*, Warszawa 2008.
Kuba A., Hausman J., *Dzieje samochodu*, Warszawa 1973.
Kumaniecki K., *Historia kultury starożytnej Grecji i Rzymu*, Warszawa 1964.
Lamont G., *Jak podnieść pewność siebie*, Łódź 2008.
Leigh A., Maynard M., *Lider doskonały*, Poznań 1999.
Littauer F., *Osobowość plus*, Warszawa 2007.
Loreau D., *Sztuka prostoty*, Warszawa 2009.
Lott L., Intner R., Mendenhall B., *Autoterapia dla każdego. Spróbuj w osiem tygodni zmienić swoje życie*, Warszawa 2006.
Maige Ch., Muller J.-L., *Walka z czasem. Atut strategiczny przedsiębiorstwa*, Warszawa 1995.
Mansfield P., *Jak być asertywnym*, Poznań 1994.
Martin R., *Niepokorny umysł. Poznaj klucz do myślenia zintegrowanego*, Gliwice 2009.
Maslow A., *Motywacja i osobowość*, Warszawa 2009.

Matusewicz Cz., *Wprowadzenie do psychologii*, Warszawa 2011.

Maxwell J.C., *21 cech skutecznego lidera*, Warszawa 2012.

Maxwell J.C., *Tworzyć liderów, czyli jak wprowadzać innych na drogę sukcesu*, Konstancin-Jeziorna 1997.

Maxwell J.C., *Wszyscy się komunikują, niewielu potrafi się porozumieć*, Warszawa 2011.

McCormack M.H., *O zarządzaniu*, Warszawa 1998.

McElroy K., *Jak inwestować w nieruchomości. Znajdź ukryte zyski, których większość inwestorów nie dostrzega*, Osielsko 2008.

McGee P., *Pewność siebie. Jak mała zmiana może zrobić wielką różnicę*, Gliwice 2011.

McGrath H., Edwards H., *Trudne osobowości. Jak radzić sobie ze szkodliwymi zachowaniami innych oraz własnymi*, Poznań 2010.

Mellody P., Miller A.W., Miller J.K., *Toksyczna miłość i jak się z niej wyzwolić*, Warszawa 2013.

Melody B., *Koniec współuzależnienia*, Poznań 2002.

Miller M., *Style myślenia*, Poznań 2000.

Mingotaud F., *Sprawny kierownik. Techniki osiągania sukcesów*, Warszawa 1994.

MJ DeMarco, *Fastlane milionera*, Katowice 2012.

Morgenstern J., *Jak być doskonale zorganizowanym*, Warszawa 2000.

Nay W.R., *Związek bez gniewu. Jak przerwać błędne koło kłótni, dąsów i cichych dni*, Warszawa 2011.

Nierenberg G.I., *Ekspert. Czy nim jesteś?*, Warszawa 2001.

Ogger G., *Geniusze i spekulanci, Jak rodził się kapitalizm*, Warszawa 1993.

Osho, *Księga zrozumienia. Własna droga do wolności*, Warszawa 2009.

Parkinson C.N., *Prawo pani Parkinson*, Warszawa 1970.

Peale N.V., *Entuzjazm zmienia wszystko. Jak stać się zwycięzcą*, Warszawa 1996.

Peale N.V., *Możesz, jeśli myślisz, że możesz*, Warszawa 2005.

Peale N.V., *Rozbudź w sobie twórczy potencjał*, Warszawa 1997.

Peale N.V., *Uwierz i zwyciężaj. Jak zaufać swoim myślom i poczuć pewność siebie*, Warszawa 1999.

Peters Steve, *Paradoks szympansa*, Warszawa 2012.

Pietrasiński Z., *Psychologia sprawnego myślenia*, Warszawa 1959.

Pilikowski J., *Podróż w świat etyki*, Kraków 2010.

Pink D.H., *Drive*, Warszawa 2011.

Pirożyński M., *Kształcenie charakteru*, Poznań 1999.

Pismo Święte Starego i Nowego Testamentu. Biblia Tysiąclecia, Warszawa 2002.

Pismo Święte w Przekładzie Nowego Świata, 1997.

Popielski K., *Psychologia egzystencji. Wartości w życiu*, Lublin 2009.

Poznaj swoją osobowość, Bielsko-Biała 1996.

Przemieniecki J., *Psychologia jednostki. Odkoduj szyfr do swego umysłu*, Warszawa 2008.

Pszczołowski T., *Umiejętność przekonywania i dyskusji*, Gdańsk 1998.

Reiman T., *Potęga perswazyjnej komunikacji*, Gliwice 2011.

Robbins A., *Nasza moc bez granic. Skuteczna me-*

toda osiągania życiowych sukcesów za pomocą NLP, Konstancin-Jeziorna 2009.

Robbins A., *Obudź w sobie olbrzyma... i miej wpływ na całe swoje życie – od zaraz*, Poznań 2002.

Robbins A., *Olbrzymie kroki*, Warszawa 2001.

Robert M., *Nowe myślenie strategiczne: czyste i proste*, Warszawa 2006.

Robinson Ken, *Kreatywne szkoły*, Kraków 2015.

Robinson Ken, *Oblicza umysłu*, Gliwice 2011.

Robinson J.W., *Imperium wolności. Historia Amway Corporation*, Warszawa 1997.

Rose C., Nicholl M.J., *Ucz się szybciej, na miarę XXI wieku*, Warszawa 2003.

Rose N., *Winston Churchill. Życie pod prąd*, Warszawa 1996.

Rychter W., *Dzieje samochodu*, Warszawa 1962.

Ryżak Z., *Zarządzanie energią kluczem do sukcesu*, Warszawa 2008.

Savater F., *Etyka dla syna*, Warszawa 1996.

Schäfer B., *Droga do finansowej wolności. Pierwszy milion w ciągu siedmiu lat*, Warszawa 2011.

Schäfer B., *Zasady zwycięzców*, Warszawa 2007.

Scherman J.R., *Jak skończyć z odwlekaniem i działać skutecznie*, Warszawa 1995.

Schuller R.H., *Ciężkie czasy przemijają, bądź silny i przetrwaj je*, Warszawa 1996.

Schwalbe B., Schwalbe H., Zander E., *Rozwijanie osobowości. Jak zostać sprzedawcą doskonałym*, tom 2, Warszawa 1994.

Schwartz D.J., *Magia myślenia kategoriami sukcesu*, Konstancin-Jeziorna 1994.

Schwartz D.J., *Magia myślenia na wielką skalę. Jak zaprząc duszę i umysł do wielkich osiągnięć*, Warszawa 2008.

Shapiro Paul, *Czyste mięso*, Warszawa 2018.

Scott S.K., *Notatnik milionera. Jak zwykli ludzie mogą osiągać niezwykłe sukcesy*, Warszawa 1997.

Sedlak K. [red.], *Jak poszukiwać i zjednywać najlepszych pracowników*, Kraków 1995.

Seiwert L.J., *Jak organizować czas*, Warszawa 1998.

Seligman M.E.P., *Co możesz zmienić, a czego nie możesz*, Poznań 1995.

Seligman M.E.P., *Pełnia życia*, Poznań 2011.

Seneka, *Myśli*, Kraków 1989.
Sewell C., Brown P.B., *Klient na całe życie, czyli jak przypadkowego klienta zmienić w wiernego entuzjastę naszych usług*, Warszawa 1992.
Słownik pisarzy antycznych, Warszawa 1982.
Smith A., *Umysł*, Warszawa 1989.
Spector R., *Amazon.com. Historia przedsiębiorstwa, które stworzyło nowy model biznesu*, Warszawa 2000.
Spence G., *Jak skutecznie przekonywać... wszędzie i każdego dnia*, Poznań 2001.
Sprenger R.K., *Zaufanie # 1*, Warszawa 2011.
Staff L., *Michał Anioł*, Warszawa 1990.
Stone D.C., *Podążaj za swymi marzeniami*, Konstancin-Jeziorna 1998.
Swiet J., *Kolumb*, Warszawa 1979.
Szurawski M., *Pamięć. Trening interaktywny*, Łódź 2004.
Szyszkowska M., *W poszukiwaniu sensu życia*, Warszawa 1997.
Tatarkiewicz W., *O szczęściu*, Warszawa 1979.
Tavris C., Aronson E., *Błądzą wszyscy (ale nie ja)*, Sopot-Warszawa 2008.

Tracy B., *Milionerzy z wyboru. 21 tajemnic sukcesu*, Warszawa 2002.

Tracy B., *Plan lotu. Prawdziwy sekret sukcesu*, Warszawa 2008.

Tracy B., Scheelen F.M., *Osobowość lidera*, Warszawa 2001.

Tracy B., *Sztuka zatrudniania najlepszych. 21 praktycznych i sprawdzonych technik do wykorzystania od zaraz*, Warszawa 2006.

Tracy B., *Turbostrategia. 21 skutecznych sposobów na przekształcenie firmy i szybkie zwiększenie zysków*, Warszawa 2004.

Tracy B., *Zarabiaj więcej i awansuj szybciej. 21 sposobów na przyspieszenie kariery*, Warszawa 2007.

Tracy B., *Zarządzanie czasem*, Warszawa 2008.

Tracy B., *Zjedz tę żabę. 21 metod podnoszenia wydajności w pracy i zwalczania skłonności do zwlekania*, Warszawa 2005.

Twentier J.D., *Sztuka chwalenia ludzi*, Warszawa 1998.

Urban H., *Moc pozytywnych słów*, Warszawa 2012.

Ury W., *Odchodząc od nie. Negocjowanie od konfrontacji do kooperacji*, Warszawa 2000.
Vance Erik, *Potęga sugestii*, Warszawa 2018.
Vitale J., *Klucz do sekretu. Przyciągnij do siebie wszystko, czego pragniesz*, Gliwice 2009.
Waitley D., *Być najlepszym*, Warszawa 1998.
Waitley D., *Imperium umysłu*, Konstancin-Jeziorna 1997.
Waitley D., *Podwójne zwycięstwo*, Warszawa 1996.
Waitley D., *Sukces zależy od właściwego momentu*, Warszawa 1997.
Waitley D., Tucker R.B., *Gra o sukces. Jak zwyciężać w twórczej rywalizacji*, Warszawa 1996.
Walker Timothy D., *Fińskie dzieci uczą się najlepiej*, Warszawa 2017.
Walton S., Huey J., *Sam Walton. Made in America*, Warszawa 1994.
Waterhouse J., Minors D., Waterhouse M., *Twój zegar biologiczny. Jak żyć z nim w zgodzie*, Warszawa 1993.
Ware Bronnie, *Czego najbardziej żałują umierający*, Warszawa 2016.

Wegscheider-Cruse S., *Poczucie własnej wartości. Jak pokochać siebie*, Gdańsk 2007.

Wilson P., *Idealna równowaga. Jak znaleźć czas i sposób na pełnię życia*, Warszawa 2010.

Ziglar Z., *Do zobaczenia na szczycie*, Warszawa 1995.

Ziglar Z., *Droga na szczyt*, Konstancin-Jeziorna 1995.

Ziglar Z., *Ponad szczytem*, Warszawa 1995.

O autorze

Andrzej Moszczyński od 30 lat aktywnie zajmuje się działalnością biznesową. Jego główną kompetencją jest tworzenie skutecznych strategii dla konkretnych obszarów biznesu.

W latach 90. zdobywał doświadczenie w branży reklamowej – był prezesem i założycielem dwóch spółek z o.o. Zatrudniał w nich ponad 40 osób. Spółki te były liderami w swoich branżach, głównie w reklamie zewnętrznej – tranzytowej (reklamy na tramwajach, autobusach i samochodach). W 2001 r. przejęciem pakietów kontrolnych w tych spółkach zainteresowały się dwie firmy: amerykańska spółka giełdowa działająca w ponad 30 krajach, skupiająca się na reklamie radiowej i reklamie zewnętrznej oraz największy w Europie fundusz inwestycyjny.

W 2003 r. Andrzej sprzedał udziały w tych spółkach inwestorom strategicznym.

W latach 2005-2015 był prezesem i założycielem spółki, która zajmowała się kompleksową komercjalizacją liderów rynku deweloperskiego (firma w sumie sprzedała ponad 1000 mieszkań oraz 350 apartamentów hotelowych w systemie condo).

W latach 2009-2018 był akcjonariuszem strategicznym oraz przewodniczącym rady nadzorczej fabryki urządzeń okrętowych Expom SA. Spółka ta zasięgiem działania obejmuje cały świat, dostarczając urządzenia (w tym dźwigi i żurawie) dla branży morskiej. W 2018 r. sprzedał pakiet swoich akcji inwestorowi branżowemu.

W 2014 r. utworzył w USA spółkę LLC, która działa w branży wydawniczej. W ciągu 14 lat (poczynając od 2005 r.) napisał w sumie 22 kieszonkowe poradniki z dziedziny rozwoju kompetencji miękkich – obszaru, który ma między innymi znaczenie strategiczne dla budowania wartości niematerialnych i prawnych przedsiębiorstw. Poradniki napisane przez Andrzeja koncentrują się na przekazaniu wiedzy o wartościach i rozwoju osobowości – czynnikach odpowiedzialnych za prowadzenie dobrego życia, bycie spełnionym i szczęśliwym.

Andrzej zdobywał wiedzę z dziedziny budowania wartości firm oraz tworzenia skutecznych strategii przy udziale następujących instytucji: Ernst & Young, Gallup Institute, Pricewaterhouse-Coopers (PwC) oraz Harward Business Review. Jego kompetencje można przyrównać do pracy **stroiciela instrumentu.**

Kiedy miał 7 lat, mama zabrała go do szkoły muzycznej, aby sprawdzić, czy ma talent. Przeszedł test pozytywnie – okazało się, że może rozpocząć edukację muzyczną. Z różnych powodów to nie nastąpiło. Często jednak w jego książkach czy wykładach można usłyszeć bądź przeczytać przykłady związane ze światem muzyki.

Dlaczego można przyrównać jego kompetencje do pracy stroiciela na przykład fortepianu? Stroiciel udoskonala fortepian, aby jego dźwięk był idealny. Każdy fortepian ma swój określony potencjał mierzony jakością dźwięku – dźwięku, który urzeka i wprowadza ludzi w stan relaksu, a może nawet pozytywnego ukojenia. Podobnie jak stroiciel Andrzej udoskonala różne procesy – szczególnie te, które dotyczą relacji z innymi ludźmi. Wierzy, że ludzie posiadają mechanizm psychologiczny, który można symbolicznie przyrównać do **mentalnego żyroskopu** czy **mentalnego noktowizora**. Rola Andrzeja polega na naprawieniu bądź wprowadzeniu w ruch tych „urządzeń".

Żyroskop jest urządzeniem, które niezależnie od komplikacji pokazuje określony kierunek. Tego typu urządzenie wykorzystywane jest na statkach i w samolotach. Andrzej jest przekonany, że rozwijanie **koncentracji i wyobraźni** prowadzi do włączenia naszego mentalnego żyroskopu. Dzięki temu możemy między innymi znajdować skuteczne rozwiązania skomplikowanych wyzwań.

Noktowizor to wyjątkowe urządzenie, które umożliwia widzenie w ciemności. Jest wykorzystywane przez wojsko, służby wywiadowcze czy myśliwych. Życie Andrzeja ukierunkowane jest na badanie tematu źródeł wewnętrznej motywacji – siły skłaniającej do działania, do przejawiania inicjatywy, do podejmowania wyzwań, do wchodzenia w obszary zupełnie nieznane. Andrzej ma przekonanie, że rozwijanie **poczucia własnej wartości** prowadzi do włączenia naszego mentalnego noktowizora. Bez optymalnego poczucia własnej wartości życie jest ciężarem.

W swojej pracy Andrzej koncentruje się na procesach podnoszących jakość następujących obszarów: właściwe interpretowanie zdarzeń, wyciąganie wniosków z analizy porażek oraz sukcesów, formułowanie właściwych pytań, a także korzystanie z wyobraźni w taki sposób, aby przewidywać swoją przyszłość, co łączy się bezpośrednio z umiejętnością strategicznego myślenia. Umiejętności te pomagają rozumieć mechanizmy wywierania wpływu przez inne osoby i umożliwiają niepoddawanie się wszechobecnej indoktrynacji. Kiedy mentalny noktowizor działa poprawnie, przekazuje w odpowiednim czasie sygnały ostrzegające, że ktoś posługuje się manipulacją, aby osiągnąć swoje cele.

Andrzej posiada również doświadczenie jako prelegent, co związane jest z jego zaangażowaniem w działania społeczne. W ostatnich 30 latach był zapraszany do udziału w różnych szkoleniach i seminariach, zgromadzeniach czy kongresach – w sumie jako mówca wystąpił ponad 700 razy. Jego przemówienia i wykłady znane są z inspirujących przykładów i zachęcających pytań, które mobilizują słuchaczy do działania.

OFERTA WYDAWNICZA
Andrew Moszczynski Group sp. z o.o.

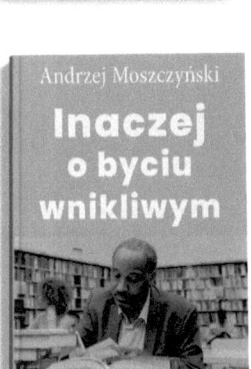

www.ingramcontent.com/pod-product-compliance
Lightning Source LLC
LaVergne TN
LVHW041223080526
838199LV00083B/2425